Enrico Pelos

Lungo la Via Iulia Augusta in Liguria

con testi e fotografie anche del tratto francese

edizione del 2014

nel BIMILLENARIO

della morte

di

GIULIO CESARE OTTAVIANO AUGUSTO

Data di nascita: 63 a.C., Roma, Italia

Data di morte: 19 agosto 14 d.C., Nola, Italia

UNA RICERCA STORICO FOTOGRAFICA AMBIENTALE

CON PASSEGGIATE ITINERARI ED ESCURSIONI

(con cenni e foto anche della parte francese)

Fu lungo questa strada che i romani camminarono per andare, verso le Gallie e verso la Spagna.
Aspre lotte segnarono il loro passaggio.
I Liguri lottarono per la loro storia.
Questo testo, le immagini e le foto raccontano di quel passaggio e delle tracce lasciate.
Di ciò che è stato tramandato ad oggi.
Un'idea di omaggio
ai popoli, ai viandanti
ed ai moderni turisti
che hanno percorso questa strada
e che hanno fatto la storia.

- Testi, fotografie, *Fotografia di copertina (Albenga, San Clemente)*, cartografia, fotoelaborazioni
- Grafica, impaginazione editing
- Produzione, pubblicazione

© 2014 Enrico Pelos. All rights reserved.
ISBN 978-1-291-74962-5

http://www.enricopelos.it
email: enricopelos@alice.it   webmaster@enricopelos.it

Vietata la distribuzione in ogni forma e mezzo se non autorizzata dall'autore

edizioni:
1a - Dicembre 2005-6 Ed. beta 1.0 Book Crossing registration&distribution
2a - Maggio 2007 Edizione pubblicazione Lulu Press publishing
3a - Gennaio 2010 Edizione pubblicazione Lulu Press publishing
4a - Febbraio 2012 Edizione pubblicazione Lulu Press publishing
5a - Dicembre 2013 Edizione pubblicazione Lulu Press publishing
6a - Febbraio 2014 Edizione pubblicazione Lulu Press publishing
7a - Ottobre 2014 Edizione pubblicazione Lulu Press publishing

Itinerari

Itinerari ancora percorribili ed aree di interesse:

Prima della Via Iulia

Genua - Vada Sabatia

Lungo la Via Iulia

- Itinerario Vada Sabatia - Finalese
- Itinerario Finalese (Pullopices) o dei Ponti
- Area Toirano Ceriale
- Area Albenga (Albingaunum) - Alassio
  - Itinerario classico a livello costa
  - Itinerario del crinale al monte Bignone
  - (Anello Albenga/Alassio)
- Itinerario Laigueglia - Andora
- Sanremo
- Ventimiglia (Albinitimilium)
- Itinerario dai Balzi Rossi a Villa Hanbury

Dopo la Via Iulia in Liguria

Confine italiano - Arles

Premessa

La Liguria è una terra da scoprire, soprattutto all'interno: è un piacere conoscerla a poco a poco, percorrendola lungo le molte antiche strade e attraverso le vie ed i paesi che conducono alle regioni limitrofe.

Questa pubblicazione descrive l'itinerario lungo una di queste antiche vie: la Via Iulia Augusta, che ci narra ancora oggi la grande importanza del passaggio dei Romani nella nostra regione.

Il Popolo dei Liguri occupava nel periodo avanti Cristo una vasta porzione di territorio costiero e montano che dalla Liguria si spingeva fino alla Provenza ed alla Penisola Iberica. A partire dal secondo millennio a.C. (neolitico) si hanno notizie della presenza dei Liguri su un territorio molto vasto, corrispondente alla maggior parte dell'Italia settentrionale. Successivamente le migrazioni celtiche, come pure le colonizzazioni di Fenici, Greci e Cartaginesi, li rimpiazzarono a partire dal IV secolo a.C.

All'arrivo dei Romani ci furono duri scontri, e questi vinsero definitivamente, dopo aspre battaglie, la resistenza dei popoli Liguri. Nino Lamboglia, il grande archeologo italiano, ipotizza che proprio nel Finalese fosse stata combattuta la battaglia decisiva: essa avvenne nel 181 A. C. tra i Romani, comandati dal proconsole Paolo Emilio, ed i Liguri. Altre fonti citano invece come decisiva la battaglia del Monte Bignone nei pressi di Alassio. Quale che sia la battaglia, essa segnò la fine della tenace resistenza ligure proprio nella riviera di ponente. La regione fu sottomessa ufficialmente dai Romani durante il II secolo a.C.

I Liguri furono l'ultimo popolo ad essere assoggettato; e dopo questa data l'Italia fu tutta sotto il dominio di Roma. Si trovano tracce storiche di ulteriori tentativi di resistenza ma Licius Aemilius Paulus conquistò definitivamente, nel 182 con l'ultima battaglia, un popolo che era ormai composto da ex guerrieri ormai ridotti a predoni e saccheggiatori.

Lontani erano ormai i tempi che li aveva visti combattere come coraggiosi guerrieri mercenari fin nella lontana Persia alle Termopili come cita il grande storico antico Erodoto.

Qualche imperatore iniziò allora a pensare che Roma non era più una capitale conveniente. Data la vastità raggiunta dall'Impero sarebbe stato sempre più difficile vivere a Roma e mantenere il controllo su due frontiere lontane e di importanza capitale: il Reno e il Danubio a nord e l'Eufrate a Oriente. Alcuni imperatori avevano già stabilito di tanto in tanto le residenze in luoghi più accessibili come Milano. E Costantino andò prima a Treviri e quindi ad Arles. Fu Costanzo III che si stabilì poi ad Arles facendola divenire sede.

L'avanzata romana proseguì per la via Aurelia continuando fino a Forum Julii *(Foro di Giulio, l'odierna Fréjus fondata da Gaio Giulio Cesare)* nelle Gallie.

Via Iulia Augusta è quindi il nome dato al raggruppamento di strade romane formatosi dall'unione della Via Æmilia Scauri con la Via Postumia che proveniva da Placentia (Piacenza), portava a Derthona (Tortona) e proseguiva per Vada Sabatia (Vado Ligure), per continuare verso Albingaunum (Albenga), Intimilium (Ventimiglia) passava da Forum Julii ed arrivava ad a Arelates (Arles).

In origine, la denominazione di Via Iulia Augusta era limitata al solo tratto che parte da Vada Sabatia, *cominciato da Augustus nel 13-12 a.C.,* **e che originalmente si arrestava a La Turbie dove c'è l'Arco di Trionfo; più successivamente fu prolungato fino a Arles dove si è unita con la Via Domitia.**

IL PRIMO LIGURE

Il primo ligure di una certa importanza che la storia ricordi fu propio un imperatore romano del II sec. d. C.: Publio Elvio Pertinace.

Secondo lo storico Dione Cassio che scrisse di una Storia romana fino al 229 d.C. Pertinace sarebbe nato nel 126 nei pressi di Alba Pompeia, l'odierna città di Alba nelle Langhe, oggi in Piemonte. Egli apparteneva ad una ricca famiglia di commercianti che aveva dei possedimenti proprio a Vada Sabatia (oggi Vado Ligure), l'importante città romana dalla quale parte proprio la Via Iulia. Sotto Antonino fu mandato in Britannia e poi in Germania dove fu nominato comandante della flotta del Reno. Fu nominato prefetto di Roma nel 192, l'anno stesso in cui in una congiura fu strangolato l'odiato imperatore Commodo *(e non ucciso quindi dal famoso gladiatore del film omonimo)* I pretoriani e il senato lo proclamarono imperatore con l'impegno di restaurare le finanze dello stato. Abolì sprechi e privilegi creandosi non pochi nemici che, appena ne ebbero la possibilità, diffusero la diceria che i suoi possedimenti di Vada Sabatia fossero frutto di illeciti arricchimenti. Una congiura dei soliti "pretoriani" lo eliminò tramite una lancia che gli trapassò il petto il 28 marzo del 193. Il suo regno era durato non più di tre mesi: 87 giorni.

Nel 14 a.C ebbero fine le guerre romano-liguri che videro Augusto sottomettere la tribù dei Liguri Capillati. La vittoria e sottomissione delle tribù liguri delle Alpi Marittime e su tutti i popoli alpini venne celebrata con la costruzione del "Tropaeum Alpim" ai confine con la Gallia. Inizio così la Pax Augusta o saeculum Augusti e che, narrano le cronache, fu quasi un'età aurea per il mondo romano L'imperatore divise l'Italia in 11 regiones definendo la Liguria la IX regio che si estendeva dal fiume Varo al fiume Magra e comprensiva della vasta area tra le Alpi, il Po e forse il Trebbia, l'Appennino, e il mare

Esisteva ancora una terza strada che consisteva nel raggiungere per via mare i porti della Provenza e, a partire da Nimes o Aigues-Mortes, risaliva la Valle del Rodano.

Dopo aver percorso chilometri di monti solitari, con paesaggi talvolta unici ma con pochi segni di presenza umana in quanto lontani dalla costa, sono stato spinto, dalla storia di alcuni di essi, a ripercorrere, e questa volta non più solo come fototrekker, antiche strade e sentieri per approfondirne la loro conoscenza.

Questo itinerario merita senza dubbio di essere percorso e scoperto non solo per le testimonianze storiche, ma anche per la suggestiva atmosfera nella quale ci si può trovare immersi. I tratti dei percorsi sono racchiusi tra le montagne e il mare, e riescono a far riscoprire atmosfere antiche, fuori dalle mete turistiche estive, anche se ci si trova a pochi passi dalle spiagge. Chi ama ancora camminare nella macchia mediterranea sfiorando muri antichi, i colori del tramonto ed un mare quasi sempre pulito, limpido, immenso, si trova a camminare tra il lentisco e le mimose guardando le onde brillare all'orizzonte, mentre alle spalle la brezza proveniente dai monti dell'interno o dell'Alta Via dei Monti Liguri rinfresca l'aria lungo il cammino.

Per coloro che amano il sole ed il vino non ho dimenticato di compilare, alla fine degli itinerari, anche un itinerario enologico con alcune indicazioni delle zone dei vini tipici che si possono incontrare, alcune delle quali anche camminando lungo l'antico l'itinerario romano come ad esempio, lungo il tratto dei Ponti della Val Ponci.

Questa pubblicazione è un invito a percorrere in altro modo la nostra regione e cioè non da semplice turista.

Ringraziamenti

Un ringraziamento a tutte le persone che ho incontrato lungo questi percorsi, che mi hanno fornito indicazioni, informazioni, e un po' della loro conoscenza riguardo i paesi, le strade, le diverse località.

Un saluto va anche al mio amico Rudy, con il quale ho trascorso alcune belle giornate di cammino sui monti e con il quale ho organizzato alcune mostre fotografiche.
Solo con lui ho potuto condividere questa passione fotografica e la lunga attesa che precede lo scatto con la luce o il giusto feeling.

Un ringraziamento particolare va ad uno dei pochi abitanti "genuini" della Via Iulia: Dino. Lui è proprio nato qui, in uno degli itinerari più belli della VJA e della Liguria, nel tratto che va da Albenga ad Alassio. La storia gli è praticamente passata sotto le finestre. Con lui ho condiviso anche la passione per la musica "storica" dei gruppi mitici degli anni '60 nazionali ed internazionali.

Per ultimo, ma certamente non meno importante, il grazie va a mia moglie Rita, per aver saputo sopportare questa "mania" fotografica di ricerca che l'ha portata a passare tante giornate in solitaria preoccupazione, insieme a mia madre, sperando sempre nel mio ritorno senza incidenti dalle strade, dai paesi, dai sentieri più o meno scoscesi, lungo le dirupate scogliere o nei tratti impervi a volte difficilmente rintracciabili per il passare del tempo.

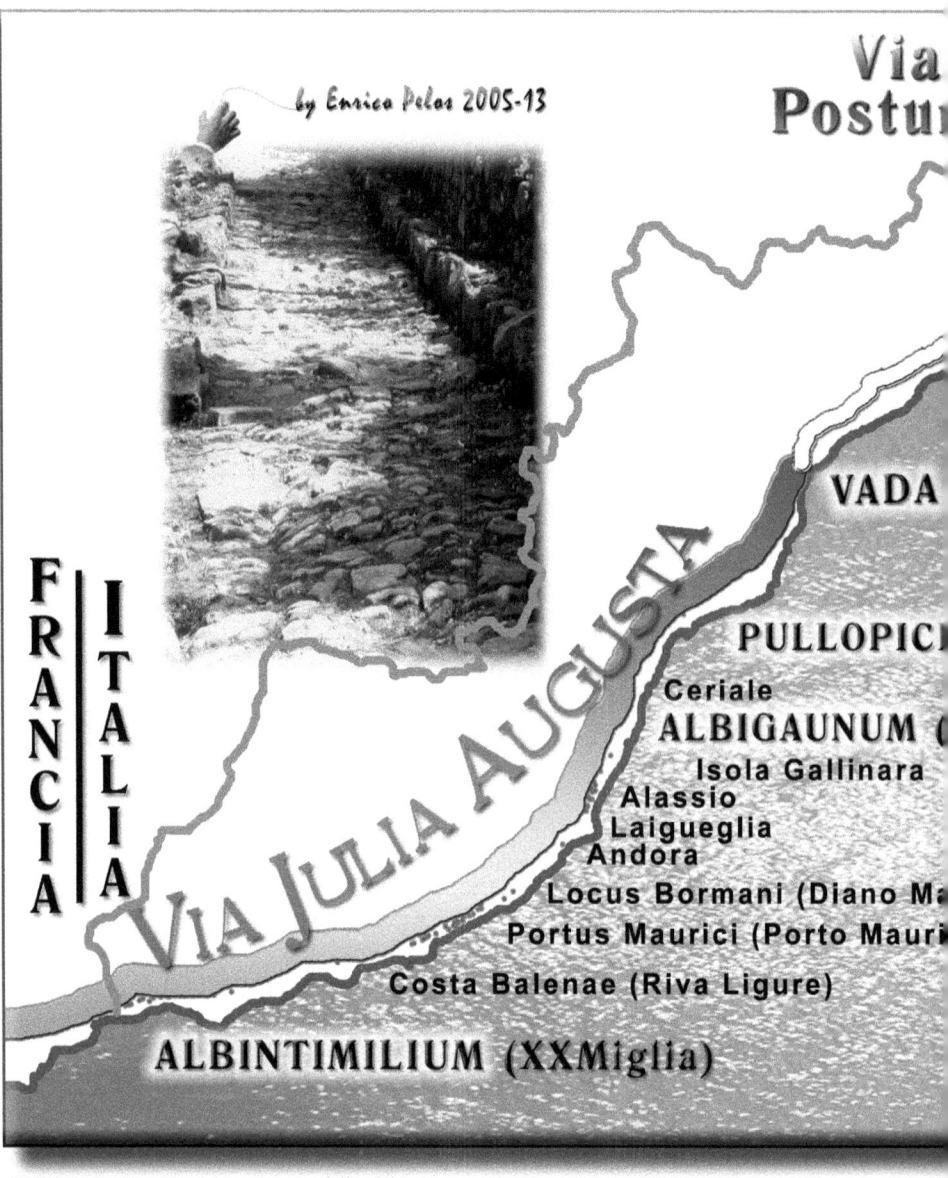

LIGURIA Cartina del percorso della Via Iulia Augusta in Liguria la cui lunghezza era di 121 km circa.

Principali distanze da Roma:

> Genova 501 Km
> Savona 546 Km
> Vado 553 Km
> Albenga 588 Km
> Sanremo 668 Km
> Ventimiglia Hanbury 694 Km
> Frejus Forum Julii 742 Km
> Tolone 827 Km
> Marsiglia 880 Km
> Arles 962 Km

Escursionismo Classificazione CAI
(per quanto concerne gli itinerari descritti in questo libro)

T
Turistico. Percorso senza problemi percorribile da tutti.

E
Escursionisti medi. Percorsi evidenti; talvolta possono richiedere facili attraversamenti, generalmente non esposti.

EE
Escursionisti esperti. percorsi per escursionisti con una buona esperienza..

Il viaggio L'itinerario

ALBENGA - Il Pilone, quel che resta del monumento funerario del II secolo d.C. a ricordo e celebrazione della Pax Romana della Battaglia del 516 a.C. sotto Augusto, Pax Liguribus facta est. *(1995)*

Il Grande Archeologo Nino Lamboglia

Nino Lamboglia nacque a Porto Murizio il 7 agosto 1912 e morì a Genova il 10 gennaio 1977 in un incidente cadendo in mare con la sua macchina mentre stava prendendo il traghetto dal molo in una giornata di foschia. Fu un pioniere dell'archeologia contemporanea e si dedicò in modo particolare a studiare con precisione e metodicità le strade romane in Liguria effettuando le prime campagne di scavo nella città romana di Albintimilium (Ventimiglia) nel periodo 1938-1940 ed in seguito passò agli scavi del percorso della Via Iulia ad Albenga. Qui, nel 1950, si interessò anche al recupero delle navi romane e fondò il Centro Sperimentale di Archeologia Subacquea.
Passò in seguito allo studio e alla ricerca del percorso della antica strada romana Via Emilia Scauri del 109 a. C. fino ad allora quasi sconosciuta come tracciato.
Durante la seconda guerra mondiale fu il massimo responsabile della Biblioteca Civica Aprosiana e riuscì a mettere in salvo preziosi testi e manoscritti che avrebbero potuto essere distrutti.
Grande fu la sua opera a scoperta e difesa della storia della Liguria ed al recupero architettonico di importanti monumenti medievali di cui intraprese importanti e fondamentali restauri.
Fu nel 1974 il primo docente italiano ad insegnare alla cattedra di Archeologia medievale, presso l'Università di Genova ed è stato il fondatore dell'Istituto Internazionale di Studi Liguri.

Introduzione

L'impero romano, nella sua avanzata verso la conquista delle Gallie e dei paesi Iberici, attraversò la Liguria sin da tempi remoti. La necessità di una via di comunicazione che permettesse di raggiungere quelle terre lontane in modo diverso dal solito attraversamento dei sentieri montani portò gli ingegneri di Augusto, *tra il 13-12 a.C., poco dopo la conquista dei territori delle Alpi Marittime (14 a.C.),* ad interessarsi al litorale ligure di ponente e a progettare un collegamento diretto verso le province della Gallia.

Gli antichi Liguri erano composti, a quel tempo, da varie etnie. Essi vivevano sul litorale mediterraneo dal Rodano, al Varo, al Trebbia e all'Arno.
A partire dal secondo millennio A. C. (neolitico) si hanno notizie della presenza dei Liguri su un territorio molto vasto, corrispondente alla maggior parte dell'Italia settentrionale, fino alla costa mediterranea spagnola ad occidente ed al Tevere verso sud Est. Conquistarono anche le principali isole come la Corsica, la Sardegna e la Sicilia.

Era probabilmente una popolazione di circa 200.000 persone, suddivisa in varie tribù. Di loro ci restano numerosi prodotti ceramici.

Il loro territorio si ridusse in parte tra il VI ed il III secolo A. C. a causa dapprima degli Etruschi che premevano da est e da ovest, e successivamente da nord, minacciati dai Celti come testimoniano anche ritrovamenti in uno dei più famopsi castellari liguri, quello nei pressi del monte Dragnone che si erge sopra Zignago e meta di una bella passeggiata descritta nel mio libro "Passeggiate a Levante".

Si trovano descrizioni di molte battaglie, tra romani e i liguri, nelle cronache di scrittori greci e latini quali Strabone e Diodoro Siculo.

Per lungo tempo l'espansione romana si era fermata al sito di Vada Sabatia (attuale Vado Ligure) e Savona "Savo Oppidum alpinum" (Tito Livio, Historiae) verrà identificata come la porta di ingresso del sistema alpino.

La ragione di questa fermata romana nel territorio dei Liguri Sabazi trova la sua documentata spiegazione proprio nel rapporto stretto tra montagna e genti liguri e le fiere lotte che ingaggiarono per impedirne la penetrazione e la conquista.

Poco lontano e verso nord l'area occidentale presenta il punto di massimo abbassamento della displuviale montuosa o "depressione savonese" *(dove è stato individuato storicamente e geograficamente il confine tra Alpi ed Appennini)*, che qui si fa più determinante ed importante. E' qui che si trova anche l'ultimo accesso più facile verso i territori della Liguria interna che storicamente andranno a portare, confluire e costituire il futuro Piemonte.

Ad ovest di Savona comincia la catena prealpina che inizia con il diversificato altopiano calcareo finalese, formato da pareti strapiombanti (Malpasso) e pericolose forre, dove era impossibile proseguire oltre con carri e vettovaglie a meno di aprire percorsi interni di lunga e difficile esecuzione, anche a causa della tipologia della vegetazione allora selvaggia

QUANTO È LUNGA?
La Via Iulia Augusta, in Liguria, era lunga 121 chilometri.

ITALO CALVINO

Il grande scrittore Italo Calvino visse a lungo a Sanremo e conosceva bene la Liguria. anche se era nato a Santiago de Las Vegas in provincia di l'Avana, a Cuba, il 15 ottobre 1923. Di padre di origine ligure e di madre sassarese, venne a vivere con la famiglia in Liguria, a seguito di un uragano che distrusse la sua casa, e morì a Siena, il 19 settembre 1985. Lo scrittore aveva molteplici interessi letterari e scientifici e così descrive questa antica strada: "Fu in età Augustea che s'aperse la Via Iulia Augusta; ma i percorsi erano sempre più a monte della cosiddetta Aurelia d'oggi". "Occorre dire che la Liguria di un tempo - e d'un tempo che non è molto lontano - non si definiva come una linea stradale litoranea, quale ormai siamo abituati a considerarla. Era in senso perpendicolare alla costa che si usava vederla: o dai naviganti che ancor oggi s'orientano sui campanili per stabilire la rotta verso i porti; o dai viandanti che percorrevano le strade lungo le valli che collegavano la costa ai centri dell'Italia Padana, scavalcando i gioghi delle montagne".

ed impenetrabile.

La successiva penetrazione romana nel territorio dei Liguri ha fornito in seguito le interessanti informazioni sul perchè della mancata avanzata (per un lungo periodo) dei Romani e sugli usi e costumi di questo popolo.

Le tribù liguri di queste zone si erano coalizzate nell'arrestare con i mezzi a loro più congeniali l'avanzata degli "stranieri". Le continue imboscate, *che oggi definiremmo azioni di disturbo o guerriglia e che alcune guerre moderne ci hanno mostrato essere fortemente determinanti anche in presenza di un grande avversario,* rendevano questo percorso quasi proibitivo per i Romani.

L'attraversamento del Ponente ligure era per i Romani un grosso problema perché era duramente presidiato dalla tribù dei Liguri Comati o Capillati, descritti come veri selvaggi e custodi gelosi della Liguria occidentale alpina.

Inoltre per lungo tempo essi avevano già a disposizione percorsi più "facili" per raggiungere la Gallia transalpina dato che era infatti più facilmente raggiungibile attraverso i corridoi vallivi della Valle di Susa (Monginevro) e della Valle d'Aosta (Piccolo San Bernardo).

Ma é proprio in questi tempi antichi, grazie anche a seguito della forzata romanizzazione dei Liguri, che venne creandosi una identità ligure ed in questo periodo più di tipo montanaro che marinaro. Il popolo ligure antico non aveva il senso della nazionalità, cioè di un'unità omogenea dal punto di vista linguistico-culturale, anche perchè allora non possedeva un'organizzazione sociale e politica strutturata come era invece quella romana. Autori come lo storico Tito Livio o il geografo Strabone ci hanno fornito testimonianze documentali importanti in proposito con descrizioni particolareggiate concernenti molte delle tribù di Liguri sparse nei vari territori.

Durante la prima guerra punica (II secolo A. C.), i Liguri si divisero tra alleati di Cartagine e alleati di

> I CIPPI MILIARI
> I Cippi documentano gli interventi dei quattro imperatori che seguirono i lavori: Augusto, Adriano, Caracalla, e Costantino. La costruzione della strada venne iniziata da Augusto dopo la sottomissione dei popoli alpini tra cui le ultime tribu liguri nel 14 a. C.. I miliari consentono di risalire alla data dell'inizio nel 12 a.C. Un rinnovo e adattamento dei ponti fu fatto fare da Adriano tra il 124 e il 125 d.C.. Altri lavori furono fatti fare da Caracalla tra il 212 e il 214 d.C. e da Costantino tra il 307 e il 312 d. C. durante la spedizione contro Massenzio con il conseguente attraversamento dell'Italia settentrionale.

Roma. Quando i Romani conquistarono questo territorio, aiutati dai Genuates, loro federati, lo si chiamò Liguria, ed esso si estendeva allora dalla costa fino alle rive del Po.

Nel 180 A. C. i Romani deportarono 47.000 Liguri Apuani, perchè irriducibili ribelli, confinandoli nel Sannio (Avellino-Benevento), onde poter "disporre liberamente" della Liguria nella loro marcia di conquista verso la Gallia.

Successivamente le migrazioni celtiche, come pure le colonizzazioni di Fenici, Greci e Cartaginesi, rimpiazzarono i Liguri a partire dal IV secolo A. C. Nel 197 A. C. la regione fu sottomessa ufficialmente dai Romani durante il II secolo A. C. anche perchè i Celti vennero definitivamente sconfitti dai Romani che pensarono quindi di collegare la strategica Liguria con diverse strade.

Fu così che negli anni tra il 13 e il 12 A. C. l'itinerario che portava da Vada Sabatia a Portus Ercoli venne allargato e lastricato per il passaggio di carri, cavalli, mercanti e merci. Alcuni piccoli tratti hanno resistito alle intemperie, al passare di secoli e uomini mantenendosi quasi intatti fino ad oggi. I romani mettevano le pietre sul fondo stradale in modo da far defluire l'acqua piovana onde evitare che si formasse il fango che ne avrebbe reso molto difficoltoso il passaggio.

La strada venne fatta arrivare fino all'attuale Arles in Provenza dove un anfiteatro molto simile al colosseo romano ed innumerevoli altre vestigia e monumenti testimoniano della profonda presenza romana anche in quei territori.

Il tracciato antico partiva da Roma ed era chiamato via Aurelia Vetus (ancora oggi via Aurelia antica), partiva da Porta San Pancrazio e, risalendo la penisola, arrivava fino a Luni, nei pressi dell'attuale Carrara. L'Aurelia venne quindi prolungata, verso la fine del II secolo A. C. (nel 109 A. C.), lungo tutto il Tirreno fino ad arrivare a Genova. Questo nuovo percorso, via Aurelia Nova, usciva dalla città dalla Porta Aurelia, chiamata poi Sancti Petri,

LA FOTOGRAFIA E I FRATELLI ALINARI

La Liguria ebbe una parte di rilievo anche nelle "conquiste fotografiche". Uno dei grandi fratelli Alinari, Vittorio partì alla ricerca di tutti i luoghi che Dante cita nella Divina Commedia e che lo videro pellegrino per l'Italia per circa 2 anni. Nella prefazione al volume scrisse: "Nessun pericolo, nessun disagio valse a distogliermi dall'impresa alla quale avevo dato ormai tutta l'anima mia ... dai monti della riviera ad uno di quei dirupi inaccessibili a cui Dante paragonò l'ertissimo e impervio pendio dell'infima parte del sacro monte", tutto questo tra Lerici e Turbia.

ricongiungendosi dopo circa 6 km all'Aureia Vetus nei pressi di Val Cannuta. Dopo Luni la via venne a chiamarsi Via Æmilia Scauri dal nome del console Emilio Scauro e, proseguendo fino a Genova, venne poi fatta arrivare fino a Savona. A Vada Sabatia, l'odierna Vado vicina a Savona, arrivava la Via Postumia dalla valle del Bormida, venne quindi decisa la costruzione del proseguimento delle due strade lungo il percorso del litorale del ponente Ligure fino a Ventimiglia. I romani si venivano a trovare così alla distanza di 655 km da Roma.

La Via Iulia nel tratto tra Albenga e Alassio.

La Via Iulia Augusta è oggi quasi scomparsa ma alcuni tratti sono ancora visibili e percorribili a piedi. In molti altri casi le strade attuali o la costruzione di nuovi paesi e quartieri ne hanno decretato la sua definitiva scomparsa. E' possibile però ricostruire quello che era l'antico percorso e camminare lungo quei tratti che sono ancora oggi esistenti e percorribili o come in altri casi, trovarne anche piccole tracce in monumenti o resti, magari nascosti fra le case, che molto spesso sono anche sconosciute agli stessi abitanti del luogo.

Anche dopo il trascorrere di tanto tempo non stupisce se continuano a venire alla luce nuove testimonianze: nel 2001, quasi alla foce del fiume Centa di Albenga, sono venute alla luce una tomba con i resti di una fanciulla con una reticella d'oro sul capo, databile al III-IV sec. dopo Cristo; un'area cimiteriale, con annessi resti di una chiesa paleocristiana ed un edificio termale.

Si può considerare di effettuare l'intero percorso in funzione dei tratti percorribili a piedi, in mountain bike od anche in macchina dove più numerosi sono rimasti i resti o le peculiarità del territorio ai giorni nostri.

Il percorso è quindi suddiviso secondo gli "Itinerari" della cronologia citata nella pagina introduttiva iniziale.

Prima della Via Iulia:

Genua-Vada Sabatia

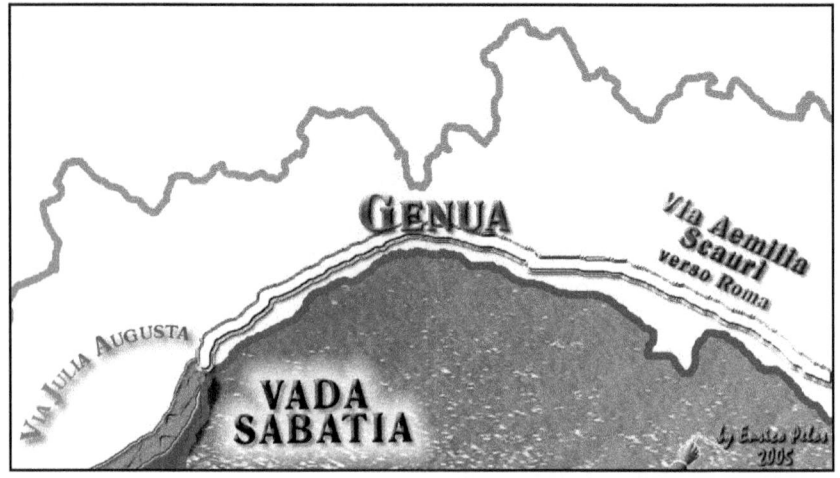

LIGURIA - Cartina del percorso prima della Via Iulia: da Genova a Vada Sabatia, l'odierna Vado Ligure

Genua era già un centro importante della Via Æmilia Scauri quando i Romani pensarono di proseguire questa strada fino alle Gallie.

A seguito di questo fatto persero interesse nella città per concentrarsi sulla costruzione della nuova strada. Inoltre Genova, nel 208 a.C. era stata invasa e distrutta dai cartaginesi del fratello di Annibale il Generale Magone. Questi, che proveniva dalle Baleari con trecento navi, dodicimila fanti e 2000 cavalieri, passò per Genova per arrivare ad invadere Roma dal nord anche perchè la città era alleata di Marsiglia che a sua volta era alleata di Roma da secoli.

Durante la ricostruzione si presentarono molti problemi per l'approvvigionamento idrico, ed i romani iniziarono a costruire nel 200 a.C un acquedotto che si svilupperà nei secoli a venire e diventerà il grande Acquedotto Storico della città di Genova che ancora oggi presenta molte imponenti costruzioni e ponti ed un insieme di percorsi, passeggiate e itinerari che dalla periferia conducono fino al

centro città e al porto.
Durante la riedificazione della città e la costruzione dell'acquedotto lo storico Livio ricorderà che Marsiglia inviò 8000 uomini per aiutare Genova negli studi e nei lavori da effettuarsi sui monti e sui bacini. Lo scopo era quello di rendere la città indipendente, cercando di raccogliere le acque che provenivano dalle alture sovrastanti del monte Peralto.

Attraversata Genova la via Æmilia Scauri arrivava fino a Vada Sabatia, l'odierna Vado appena dopo Savona, dove si univa alla già citata in precedenza, come accennato Via Postumia che arrivava dal nord.

L'odierna Vado Ligure fu fondata dai Romani con il nome di Vada Sabatia dopo la seconda guerra punica a discapito di Savo (Savona), che si era alleata con i Cartaginesi e fu per questo distrutta. Lungo questo percorso assunse una certa importanza la romana Alba Docilia, l'odierna Albisola, che diverrà in seguito anch'essa stazione della Via Iulia Augusta.
Il borgo, distrutto dal re longobardo Rotari nel 641 e ricostruito in territorio interno, divenne libero Comune nel XIII sec., fu poi sottoposto da Genova alla giurisdizione della podesteria di Varazze. Testimonianze dell'età romana sono i resti della grandiosa villa di età imperiale del II-III sec. d.C. Al centro dell'area archeologica si trova la chiesa paleocristiana e romanica di S. Pietro, interamente ricostruita all'inizio del '900 dal D'Andrade. La parrocchiale di San Nicolò, costruita nel sec. XVII, conserva nell'interno sculture barocche e affreschi settecenteschi. Fra le numerose ville di Albisola Superiore è degna di nota la Villa Gavotti della Rovere (dove sembra sia nato papa Giulio II) con i suoi giardini terrazzati e la galleria delle sale delle Stagioni.

In questo tratto troviamo, nei pressi di Savona, la zona di Quiliano che ha una sua storia molto antica in quanto i Romani fecero passare da queste parti, nel 109 a. C., la Via Aemilia Scauri, primo tratto di quella che doveva poi chiamarsi, da Ottaviano Augusto, via Iulia Augusta. Questa via collegava la costa ligure alla Pianura Padana e alla Provenza.

Ci sono notizie (da Claudio Arena di www.fortezzesavonesi.com) riguardanti una parte mancante del tracciato, o meglio dalla fine dell'odierna Via Tecci (a

Vado si segue la direzione per Quiliano. Poco prima di entrare in paese si svolta e si imbocca via Tecci), nell'area dei forti di Vado verso Ferrania, ma non sono stati trovati (ad oggi) indizi a conferma del passaggio della Via Iulia in questo tratto conosciuto anche come "Canalico".

Anche se non esiste più un tracciato vero e proprio, si hanno testimonianze del passaggio dei Romani anche da Noli, dove sono stati trovati - in un edificio tardo romano ed in alcune urne cinerarie - interessanti reperti in ceramica e vetro e monete d'oro che testimoniano l'importanza di quest'area. Essa era sicuramente un insediamento portuale, in quanto è stato trovato anche un approdo dell'epoca, anche se in assenza totale di fonti scritte.

Questa testimonianza consente di collocare in età repubblicana (II secolo a. C.) le origini e di datarne chiaramente l'evoluzione anche nel Medioevo. Una concreta testimonianza dell'attività marinara di Noli, che raggiunse poi l'apice nel XII secolo tanto da essere considerata de facto la "V Repubblica Marinara" d'Italia.

Itinerario

Vada Sabatia - Finalese

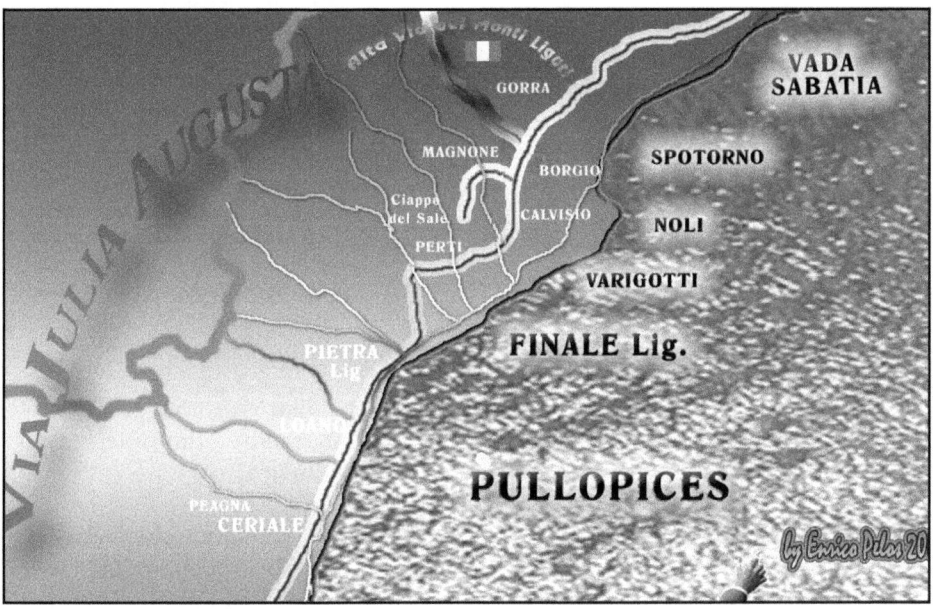

LIGURIA - Cartina del percorso della Via Iulia da Vada Sabatia al Finalese

Il tratto che va dall'odierna Vado (Vada Sabatia) al Finalese fino alla Colla di Magnone è oggi quasi scomparso. Alcuni tratti che potrebbero essere forse ancora percorribili, secondo alcune testimonianze degli abitanti di alcune zone, sono andati coprendosi di fitta vegetazione nel corso degli anni.

Il suo percorso è documentato pochissimo e ci sono molti dubbi sul fatto che il tracciato fosse continuo perchè avrebbe comportato l'attraversamento dei difficili massicci montuosi del finalese che finiscono spesso con promontori a picco sul mare.

Per evitarli i romani avrebbero dovuto quindi percorrere dei tratti molto all'interno ed è ipotizzabile, secondo alcuni studiosi, che, per superare i percorsi più difficoltosi essi abbiano usato, almeno per alcuni tratti, degli approdi sulla costa con trasbordi di uomini e materiali via mare.

Si può quindi solo ipotizzare l'eventuale percorso che porta ad esplorare delle zone che meritano comunque di essere visitate.

Da Quiliano (Val Quazzola) la via prendeva la direzione verso Noli, Bergeggi e Varigotti percorrendo le zone alte con i costoni rocciosi quasi a picco sul mare.

Il tracciato aggirava il Monte Mao *(440m, SIC Sito di Importanza Comunitaria con un punto di osservazione faunistica)* la cui cima è raggiungibile e dalla quale si può ammirare lo stupendo panorama sulla baia di Savona, le due riviere e, nelle giornate particolarmente limpide, si possono vedere le Alpi Apuane e la Corsica.

Proseguendo in discesa si incrociano sentieri che dalle pendici del monte scendono a strapiombo sul mare e sulle spiagge di Spotorno, dove c'erano probabimnete punti di appoggio o stazioni di sosta.

Il percorso svoltava poi decisamente verso l'interno per raggiungere, dove oggi c'è una sterrata e una salita sulla destra con l'indicazione Rocche Bianche, la Colla di Magnone.

UN IMPERATORE LIGURE: PERTINACE DI ALBA POMPEIA

Pertinace sarebbe nato il 126 ad Alba Pompeia (l'Alba odierna) e morì a Roma il 28 marzo 193 d.C. Il padre aveva interessi nel tessile a Vada Sabatia. Nella sua carrieara fu nominato prefetto in Dacia, Governatore in Britannia ed eletto imperatore il 31 dicembre del 192. Di lui si ricorda il risanamento delle finanze dopo Commodo.

Itinerario Finalese (Pollupices)

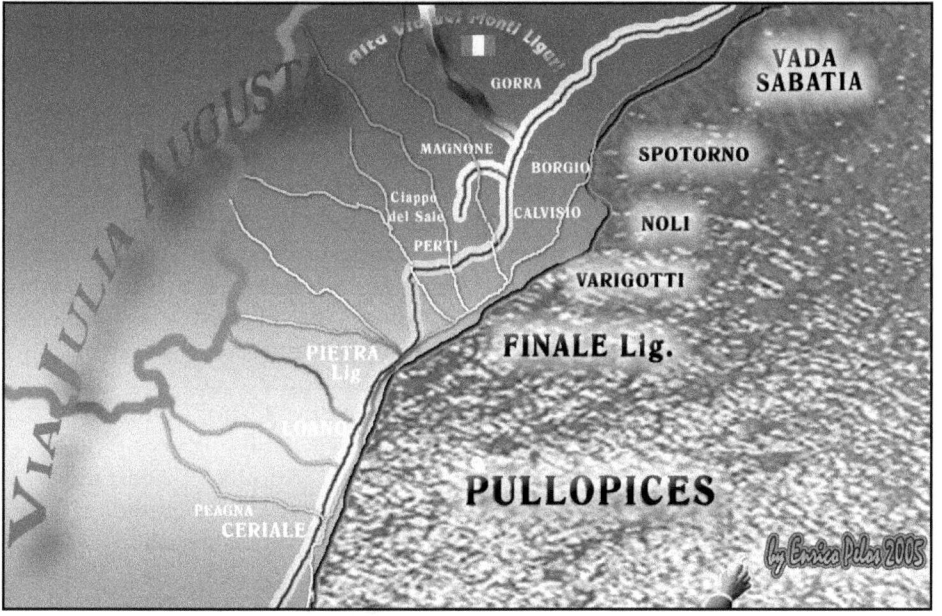

LIGURIA - Cartina del percorso della Via Iulia nell'area del Finalese

Accesso	:	I Ponti romani sono raggiungibili da Finale poi FinalPia prendendo quindi la strada per Calvisio. Girare poi a destra scavalcando il rio Fiumara e proseguendo fino ad un cartello sulla sinistra. Seguire le indicazioni per Vezzi Portio e arrivare alla chiesetta di San Giacomo se si vogliono percorrere dalla parte superiore. Un'altro punto di partenza è dalla Colla di S. Giacomo per chi arrivasse dall'Alta Via dei Monti Liguri.
Lunghezza	:	5 km circa - Dislivello di circa 400 m.
Difficoltà	:	E - EE Facile nel tratto dei primi 3 ponti tra boschi, seguito poi da un tratto ripido in salita con saliscendi. Nella parte alta si trova inoltre un tratto attrezzato per non vedenti che è consigliabile percorrere accompagnati (verificarne prima la percorribilità presso gli uffici competenti).
Tempo	:	2/3 ore circa a passo normale, 3/4/5 se con piccole soste per deviazioni, foto, osservazioni panorama, flora etc.
Dislivello	:	370m circa. Il punto di partenza del Ponte delle Fate è a 145 m s.l.m.
Periodo Consigliato	:	Primavera, autnno, inverno
Simbologia	:	rombo rosso, cerchio rosso, vedi testo, percorso anche per non vedenti

Quest'area era la terra di confine tra le tribù liguri degli Ingauni con capitale Alba Ingauna o Albingaunum (l'odierna Albenga) e dei Sabazi la cui capitale era Vada Sabatia cioè Vado. Il nome Finale deriva dal termine romano "ad fines" cioè confine,

L'antica Pollupice

E' nella zona di Finale che è stata individuata l'antica "Pollupice", nodo stradale romano. Nel Medioevo, Finale fu dominata da Bonifacio del Vasto e dalla famiglia dei Del Carretto (1142) che alla fine del XII secolo ne fecero un potente marchesato. Enrico II fondò Finalborgo nel 1188 e Castel Govone divenne residenza dei marchesi. Finale venne riconosciuto dall'Impero e rimase sotto l'influenza di Genova per tutto il XIV secolo. I Del Carretto si allearono poi con i Visconti di Milano per riacquistare il potere, ma dopo poco tornarono a Genova nel 1448 che fortificò il territorio radendone però al suolo il Borgo. Alfonso I Del Carretto riottennero dall'Imperatore Massimiliano l'investitura del marchesato, con il permesso di battere moneta. Ci fu nuovamente un'occupazione milanese, con nuove sollevazioni popolari e riconquiste genovesi. Il governatore spagnolo inviò allora 8mila soldati ad occupare il territorio che passò così alla Spagna nel 1598. Durante la guerra di successione spagnola del 1707 Finale cadde in mano all'Austria che la vendette infine a Genova. Passò al Regno di Sardegna e fu di nuovo restituita a Genova. Nel 1794 venne occupata dei francesi che ebbero la meglio sulle truppe Austropiemontesi creando nel 1797 la giurisdizione delle Arene Candide con Finalmarina capocantone e capoluogo. La dominazione francese durò dal 1805 al 1814 ed integrò il territorio nel Dipartimento di Montenotte. Nel 1815 passò nuovamente al Regno di Sardegna, quindi nel 1869 nuovamente alla provincia di Genova ed infine nel 1927 venne a far parte della provincia di Savona.

anche se questo verrà usato solo in seguito in quanto inizialmente l'area veniva chiamata Pullopices, che sembra derivare dai due nomi della Valle del Pora o Pulla e la Val Pia.

Il tracciato della Iulia Augusta è lo stesso seguito poi dalla rete autostradale e da quella stradale nazionale e ferroviaria. Per ritrovarne l'antico tracciato in Val Ponci bisogna arrivare a Finale e percorrere fino in fondo la Valle di Pia oltrepassando poi Verzi. Per evitare le rocce ed i dirupi a strapiombo di Capo Noli, la VJA si immetteva sulle tracce della più antica via Aurelia, rientrando verso l'interno e che dal valico di Magnone scendeva verso Finale.

Il tratto iniziale ricalca, da Vado fino alla Bassa di S. Elena, il percorso litoraneo e da questo si separa, oltrepassato il valico, mantenendosi in quota sulla dorsale collinosa che da monte Mao si collega, ad ovest, con il monte Berba. Lasciato lo spartiacque esso risale, con lieve pendenza, in

FINALE - L'imponente Rocca di Corno paradiso di roccia per i free-climbers

direzione di Magnone, portandosi all'estremita superiore della val Ponci, dove i paesi fanno parte della Comunità Montana Pollupice, che ne ha mantenuto appunto il nome.

L'Area di partenza è quella di Feglino che è raggiungibile dalla Via Aurelia o, per chi arriva in auto e proviene dall'autostrada A10 Genova-Ventimiglia, dalle uscite ai caselli di Feglino o di Finale. Dopo l'uscita occorre proseguire fino a Finalpia e prendere il bivio della strada per Verzi, Boragni, Feglino.

Si può anche arrivare all'inzio della parte del percorso da

FINALE Ligure - Il castel Gavone alla rocca di Perti

Spotorno o da Noli salendo quindi a Voze e proseguendo per la Colla di Magnone. In questo caso il percorso sarà interamente in discesa nel primo lungo tratto e poi in piano. Un altro punto di partenza è dalla Colla di S. Giacomo per chi arrivasse dall'Alta Via dei Monti Liguri. Altra variante è possibile arrivando in auto all'Altopiano delle Manie e prendendo, nei pressi della Grotta delle Fate e dopo la trattoria, il sentiero che scende

BELENDA E MENDARO

Sembra che il nome della torre derivi da Belenda, protagonista di una storia triste e crudele. Occorre risalire al tempo feudale quando a Finale era padrone assoluto Alfonso Del Carretto, signore dei finalesi a partire dal 1546. Il suo governo di angherie diventò insopportabile dal popolo al punto che nel 1566 fu cacciato con una rivolta. L'esilio durò poco tempo, ed al suo ritorno il nobile ordì una vendetta. Mendaro, era proprietario di alcune terre che interessavano ad Alfonso, il quale se ne appropriò costringendolo a trasformarsi in pescatore in quel di Varigotti. Egli si stabilì quindi nella repubblica marinara di Noli e si era promesso in sposo a Belenda, bella ragazza figlia del mugnaio. Alfonso si trovò a passare un giorno per la strada che porta da Orco a Cornei e qui vide per la prima volta la ragazza. Egli le rivolse alcuni apprezzamenti tentando di sedurla, ma vedendo che la ragazza andava avanti per la sua strada, la caricò sulla portantina contro la sua volontà. Pensò quindi di imprigionarla per convincerla a cedere ai suoi desideri e la rinchiuse pertanto nella torre lungo la strada di S. Bernardino, a poca distanza dal Santuario. Poiché ella non voleva cedere, arrestò anche suo padre condannandolo a morte con un pretesto. Questo fatto incitò i finalesi alla rivolta alla quale prese parte anche Mendaro ed il marchese fu costretto a fuggire. Mendaro cercò allora Belenda ma era troppo tardi e trovò il suo corpo ormai senza vita. La ragazza era morta di stenti e di fame. Da allora si narra che qualcuno veda di tanto in tanto due luci tremolare nella vicinanza della torre: sarebbero le due anime degli sfortunati fidanzati che ancora cercano di potersi riunire.

VAL PONCI - La Rocca di Corno in tutta la sua lunghezza

verso la boscaglia. In questo caso ci troveremo in un punto intermedio proprio alla fine della parte in salita e l'inizio di quella in piano.

Questo tratto della Via Iulia meriterebbe una giornata intera per camminare osservando il paesaggio, assaporare le essenze aromatiche della terra, e godere delle immagini e delle dimensioni dell'entroterra, ben lontane dal "clamore" dal paesaggio costiero. Scoprire, attraverso i sentieri secondari, i valori autentici della vecchia civiltà rurale, ritrovare villaggi composti di pietre e case raggruppate in borghi medioevali, l'agriturismo con il cavallo libero nei prati, e "udire" il silenzio impensato dei panorami campestri, dei vigneti, dei boschi, in un susseguirsi di sorprendenti presenze di realtà storiche millenarie.

Per coloro che vogliono però solo camminare il percorso - *per quanto concerne la sola zona dei ponti* - è di circa tre ore tra andata e ritorno e passa attraverso la frazione di Calvisio vecchio. Il borgo, che sorge a mezza costa, è oggi quasi completamente disabitato, e la popolazione si è trasferita nel nuovo centro a fondo valle. E' un tipico esempio di abbandono del vecchio insediamento in funzione di una sede più comoda. L'origine del borgo è certamente romana, come dimostrano i ritrovamenti

LA PIETRA DEL FINALE
La famosa "Pietra del Finale" dal delicato colore rosa, è una roccia di calcare detritico di natura arenacea. Questo tipo di roccia rende il Finalese ricco di fenomeni carsici, con la circolazione dell'acqua in grande prevalenza sotterranea che proviene da spaccature, doline, inghiottitoi, grotte, antri e spelonche.
La "Pietra" forma quattro grandi altipiani, separati da "canyons" scavati nella roccia calcarea di origine sedimentaria marina formata da strutture calcaree di organismi che popolavano la costiera 20 milioni di anni fa. Le alte pareti rocciose ospitano una grande varietà di organismi vegetali e animali, rare specie di piante tra cui l'endemica Campanula isophylla, e animali quali uccelli rapaci diurni e notturni.

di tombe e monete venute alla luce nei terreni limitrofi. E' divisa in due nuclei ed il più antico è quello nella parte alta del vecchio centro, chiamato anche Lacremô nome, in dialetto, derivato dall'incendio che distrusse il villaggio. Esistono delle abitazioni immerse tra uliveti e vigneti prevalentemente costruite con l'impiego dei conci massicci e squadrati che venivano smontati dai muri di sostegno della Via Iulia Augusta; la zona era sorta proprio come tappa della Via Iulia Augusta proveniente dall'omonimo rio della Val Ponci che l'attraversa. Interessante da visitare è l'ex parrocchiale di S. Cipriano che, ricostruita nel XV secolo, è stata rifatta in età barocca e restaurata di recente. Nei pressi è possibile visitare i resti della Torre Bèlenda, un'antica struttura militare. Il secondo nucleo della frazione si trova lungo il torrente ed è composto da case rurali e palazzine. Qui è presente la chiesa dedicata a S. Cipriano negli anni '30, opera del Finalese Pierpaolo Bonora. La frazione ha perduto la sua tipologia di economia agricola, trasformandosi con l'avvento del turismo, e sono presenti anche alcune attività artigianali. Siamo nella val Sciusa e salendo a metà costa si arriva a Verzi, un antico nucleo abitativo con molte case rustiche caratteristiche e con portali ed angoli di origine medievale. La chiesa parrocchiale è dedicata a S. Gennaro.

Poco distante dalle spiagge di Finale, Noli e Varigotti passava in una valle l'antica strada.

Per arrivarci, dal lato mare, basta quindi seguire la litoranea, una volta arrivati al semaforo di Finale, svoltare seguendo le indicazioni per Calvisio. Dopo alcune curve si attraversa il ponte di fronte all'antica abbazia benedettina

LA VIA REGIA

La Via Regia o Via Regina o strada Beretta deve quest'ultimo nome a colui il quale la progettò. La strada venne infatti costruita dal generale Beretta, nel 1666, l'allora capo degli ingegneri del Ducato di Milano ed aveva lo scopo di permettere il passaggio delle carrozza di Margherita di Spagna che si recava a Vienna per andare in sposa a all'imperatore Leopoldo I d'Austria.

IL PONTE DELLE FATE

Il Ponte delle Fate ("u punte de fäje" nel dialetto locale), sorge vicino all'Arma de Fäje. La tradizione popolare ne attribuirebbe la costruzione del ponte proprio alle fäje, antiche entità sovrannaturali femminili nell'aspetto e di dimensioni piccolissime. Questi spiriti sono assai diffusi nelle credenze del genovesato ed in particolare nell'entroterra di Voltri dove erano chiamate Foè, qui però godevano di pessima fama in quanto considerate maligne.

LE GROTTE DEL FINALESE

In epoca preistorica il Finalese era molto popolato ed i suoi abitanti si distribuivano nelle oltre cento grotte censite fino ad oggi, la cui esplorazione venne iniziata nel 1863. Il Finalese è pieno di informazioni interessanti per la conoscenza dell'evoluzione degli insediamenti umani fino all'epoca romana.

VAL PONCI - Il cartello indicatore

di S. Maria svoltando poi a sinistra proseguire sempre dritti per circa 3 km. Si arriva quindi all'indicazione per Verzi, dove occorre svoltare a sinistra e si giunge ad una svolta; la strada prosegue sulla sinistra restringendosi. Fare attenzione perchè dopo pochi metri occorre svoltare sul ponte sulla destra e imboccare la salita ripida e tortuosa. Dopo alcune curve, dove appare nella sua maestosità la Rocca di Corno si arriva ad un bivio ed occorre prendere la strada sulla sinistra. Qui un cartello indica che la Val Ponci è a poco meno di 1 km. e indica la direzione per i Ponti Romani. Qui comincia la strada sterrata e dopo pochi metri si passa vicino ad una roccia, seminascosta dal fogliame. Sembra scolpita. La roccia è di fronte all'imponente Rocca di Corno, paradiso di roccia per i free-climbers, - *la cui sommità è raggiungibile, come escursionista, anche da un sentiero che parte da Magnone* - e sembra accreditata la voce che la indicava come antico luogo di culto dei celto-liguri. Qui veniva adorato il dio dei monti Penn da cui deriva il nome degli Appennini. Da questo posto si può vedere il

VAL PONCI - Il primo ponte: il Ponte della Fate

castello Locella, che sorge in fondo alla valle alla confluenza del rio Ponci e il torrente.

La strada diventa quindi sterrata e si prosegue diritti fino ad uno spiazzo prativo dove occorre lasciare la macchina. Nei giorni festivi esso è spesso affollato e si consiglia, se possibile, di fermarsi prima e proseguire a piedi. Siamo nell'altopiano della Manie, uno dei posti più belli della Liguria con panorami e passeggiate nella storia Ligure.

Qui inizia anche la Val Ponci, un tempo denominata appunto "Vallis Pontium", lungo il corso del Rio Ponci. Quest'area ha una grande importanza storica - anche se si stenta a crederlo visto che i grandi ponti sono costruiti su quello che è oggi poco più di un rigagnolo - perchè proprio di qui passava il transito della via Iulia Augusta. La valle era stata scelta dai Romani per realizzare il tracciato della strada in una zona più interna perchè più pianeggiante, mentre verso la costa ci sono le scogliere di Capo Noli, che sono erte e scoscese e inoltre franose. I Romani pensarono bene di ripiegare verso l'interno arrivando al valico di Magnone. Questo fatto fece la fortuna della valle in quanto, essendo immersa nello splendido isolamento di rocce e boschi, ne permise di evitare la distruzione o la costruzione di nuovi insediamenti passando attraverso i secoli della storia e consegnandola a noi quasi intatta. I ponti sono veri capolavori dell'ingegneria stradale romana di quei tempi ed alcuni restano ancora a testimonianza dell'importanza, già in quei tempi antichi, delle vie di comunicazione.

L'itinerario descritto arriva a Magnone ed è contraddistinto dal segnale con tondo rosso e linea bianca. Il luogo si trova in una bella posizione panoramica sulla Val Sciusa con gli anfratti scavati da

LA TECNICA COSTRUTTIVA

E' stata ormai accertata la tecnica usata dai romani per estrarre le pietre per la costruzione dei ponti. Sono state infatti trovate nelle vicinanze dei ponti tre immense cave sotterranee che i Romani avevano aperto. Dopo una stretta imboccatura esse si espandono in modo quasi irreale all'interno della montagna. Gli ingressi sono murati ma qualcuno ha aperto dei varchi e può essere molto pericoloso avventurarsi all'interno di essi a meno di essere esperti ed accompagnati da persone competenti ed autorizzate. I Romani, dopo i necessari prelievi esplorativi, individuavano nella volta la vena della roccia, e praticando parecchi fori forzavano in modo da staccare dal soffitto enormi lastroni. Questi venivano poi tagliati e lavorati per ricavarne successivamente i blocchetti necessari.

secoli di scorrimento delle acque e che oggi scompaiono interrandosi fin verso il mare incuneandosi tra le falesie bianche della Rocca degli Uccelli e della lunga bastionata di Boragni. Tutta la Val Ponci è un'antica valle fossile formatasi da un'antica erosione e le sue acque scorrono ora in massima parte sotterranee.

Questo itinerario fa anche parte della più lunga ed ampia "Via Regia", il nuovo percorso che proveniva dal milanese. I lavori poterono eseguirsi grazie anche all'uso di lastricato in pietra del Finale, una roccia di tipo calcareo detritico di natura arenacea con colori varianti dal rosa leggero al ruggine cupo - estratta dalle numerose cave lungo questo percorso. Da queste cave sarebbero uscite, alcuni secoli dopo, le pietre per costruire alcuni dei più bei monumenti, che fanno mostra di sé a Genova e molte delle famose sculture di Rainer Kriester, il famoso scultore tedesco e docente universitario che aveva scelto Vendone come atelier di scultura a cielo aperto nel secolo scorso.

Per attraversare quest'area, fatta di monti e di valli, da rivi e torrenti, ricca di fenomeni carsici, con circolazione sotterranea dell'acqua in un saliscendi di spaccature, doline, inghiottitoi, grotte, antri e spelonche, - come quella di Arma che offrì riparo all'uomo già 60000 anni fa - vennero costruiti, sotto l'imperatore Adriano, alle spalle delle dirupate scogliere di capo Noli, molti ponti. Sono state fatte molte considerazioni sulle cause di tali grandiose architetture sorte per valicare corsi d'acqua che si presentano oggi quasi aridi. Gli studiosi sono giunti a diverse conclusioni tra le quali due sono le più accreditate: o, nel passato, i torrenti si presentavano con una portata assai maggiore, tale da giustificare la presenza di solide architetture, o altri ponti forse più grandiosi si trovavano lungo il tratto costiero, in corrispondenza dei corsi d'acqua principali, ma le piene e le successive trasformazioni ne hanno favorito la rovina e la completa distruzione. L'abbandono del tracciato

FINALE - La piccola, ma unica in Liguria, chiesa dei 5 campanili

lungo la val Ponci ha invece favorito la conservazione delle principali opere murarie, mentre è andata in parte distrutta l'antica strada di collegamento tra i ponti. Si possono inoltre chiaramente notare, nelle grosse pietre del selciato, i solchi lasciati dal passaggio dei carri, che si può ben pensare colmi di merci e vettovaglie. L'analisi della tecnica costruttiva dei ponti, che appartengono tutti ad un medesimo stile architettonico tipico del miglior periodo costruttivo romano, fa risalire la loro costruzione al medio impero, ossia alla prima metà del secondo secolo d.C. Questo farebbe pensare che le strutture arrivate fino ai tempi nostri siano un rifacimento di quelle originali augustee, e quindi che la strada sia stata probabilmente ricostruita in un secondo tempo e forse anche ampliata per renderla così più agevole, onde assicurare un transito più rapido e adeguato alle mutate necessità di percorrenza lungo la strada tra Roma e la Gallia.

Oggi sono ancora presenti a testimonianza dell'antico percorso cinque ponti risalenti probabilmente al II sec. quando l'Imperatore Adriano fece restaurare la strada. I ponti sono quasi tutti ben conservati e restaurati e situati in una cornice naturale tra le più pittoresche dell'entroterra ligure. Questi ponti sono tra i pochi veri romani rimasti in Liguria ed arrivati fino ai giorni nostri e sono la più importante testimonianza della viabilità romana presente nella nostra regione. Molte località riportano la dicitura "ponte romano" ma poi altro non sono che costruzioni medievali.

Questi ponti sono: il Ponte delle Fate, che è carrabile ancora oggi ed è il più bello di tutti, Il Ponte Sordo o di Verzi, il Ponte delle Voze o Muto, il Ponte dell'Acqua, il Ponte di Magnone. I ponti sono ad una sola arcata, hanno una larghezza compresa tra i 5,50 e i 6 metri e sono stati realizzati fra il I e il II secolo dopo Cristo secondo la tecnica costruttiva detta ligure-gallica. Vedremo in seguito che lungo il percorso sono tutt'ora visibili le cave a cielo aperto dalle quali i Romani ricavavano i blocchetti di pietra utilizzati per la loro costruzione.

La Via Iulia Augusta, il cui percorso non è ancora oggi del tutto perfettamente definito, costituiva allora, la dorsale della viabilità della Liguria Occidentale. Un'opera imponente, che attraversava diversi insediamenti di origine ligure che sarebbero diventati in seguito dei centri urbani. Sarà, molti secoli dopo, la Repubblica di Genova che amplierà in modo significativo l'intero sistema viario che diventerà in seguito, il percorso dei giorni nostri, grazie agli uomini del genio militare di Napoleone.

Passiamo quindi alla descrizione dei ponti che attraverseremo in questo itinerario.

Il 1° ponte, il Ponte delle Fate (145m)

Il Ponte delle Fate fu costruito, sembra nel 124 d. C., per volere dell'imperatore Adriano, a piccole serie di blocchetti tagliati nell'arenaria del posto secondo un sistema tipico in Liguria a quell'epoca. Il ponte unisce i lati della gola detta Colpo d'Orlando dove, secondo la leggenda, il celebre Paladino stava seguendo dei Mori in fuga e con la spada Durlindana diede un colpo di fendente alla montagna tale da scavare l'attuale fenditura. Il ponte non è proprio tutto come ai tempi dei Romani in quanto è stato più volte restaurato e l'ultimo risale al 1953. A lato della vallata si possono visitare diverse grotte, definite "Arme" in Ligure, quella delle Fate dà appunto il nome al Ponte della Fate. Le grotte, che sono molto particolari e affascinanti, erano le antiche dimore del popolo dei Ligures. Qui sono stati trovati reperti risalenti all'Uomo di Neandhertal ed oggetti in osso databili a circa 50-60.000 anni fa. Lo studio e le analisi di alcune ossa ha permesso di capire come e da chi fossero abitati nel passato questi boschi e foreste. Erano territori di caprioli e cinghiali, ma qui dimoravano anche animali scomparsi in Liguria come i cervi e gli orsi che scorazzavano indisturbati per questi boschi e vallate. Sono stati trovati resti dell'ursus speleus ma non solo, anche rinoceronti e pantere abitavano questi luoghi. Ne sono testimonianza dei resti trovati nella grotta delle Fate. L'abitante umano era l'uomo di Neanderthal.

Se siete ormai arrivati nei pressi del percorso dalla parte delle Manie e siete vicini all'ora di pranzo potreste andare alla trattoria sopra la grotta dove si mangia bene, non si spende molto e si gode di un bel panorama in mezzo alla natura.

Il 2° ponte, il Ponte Sordo o di Verzi (160m - 20' circa)

Il Ciappo del Sale

Il Ciappo del Sale è situato a 332m s. l . m. ed è è una grande roccia piatta calcarea di forma pentagonale con il lato più lungo di 37 metri circa e quello minore di circa 7 metri.

Su questa pietra venivano eseguiti anticamente i contratti, le vendite, i baratti di sale. Anche se oggi appare posizionata in luogo solitario e insolito era in tempi antichi luogo di grande frequentazione delle genti di queste zone che non solo valicavano i passi per andare poi a commerciare con le genti del Piemonte, ma che si fermavano per riposare, per apprendere la giustizia, sacrificare e compiere riti magici ed esoterici.

Questi altipiani erano ben diversi nei secoli passati, c'era una fitta rete di mulattiere che collegava terrazzamenti coltivati oggi completamente rioperti dalla fitta macchia mediterranea.

Oggi il "ciappo del sale" intriga per le diverse interpretazioni che ogni passante, turista o trekker può dare alle "curiose" incisioni rupestri o incanta chi si ferma a guardare il paesaggio ed i molti arrampicatori che si esercitano in free-climbing, sulle vicine palestre rocciose.

Questo secondo ponte è ormai in pratica distrutto. Percorrendo la piccola piana che lo precede si cammina in mezzo a dei bei vigneti, piccoli ma coltivati con molta cura. La granaccia è il vino, un po' robusto, che si produce qui ed è acquistabile nell'agriturismo Val Ponci. Nelle sue vicinanze, tuttavia, scavi archeologici hanno messo in luce un tratto con resti di strada romana. Poco prima un sentiero porta alla piccola ma interessante Valle dei Frassini con antichi graffiti, disegnati sui massi quasi alla sommità, inequivocabile prova della presenza dell'uomo sin dai tempi remotissimi

Il 3° ponte, il Ponte delle Voze o muto (166m - 1h 30' circa)

Dopo qualche centinaio di metri si arriva al Ponte delle Voze che prende il nome dal rio sottostante. E' ancora conservato e visibile interamente. Ancora ben conservato è stato restaurato in epoca recente, ed è tutto in blocchetti, con il doppio arco in grossi conci, come quello delle Fate. Da qui si diparte il sentiero, contrassegnato ora da due quadrati rossi.

Passato il ponte della Voze, noterete nei pressi, sulla destra e con occhio attento, un piccola bivio con un piccolo cartello di colore blu. Vale senz'altro la pena di fare una piccola deviazione e di seguire questo tracciato

LA MOUNTAIN BIKE
I percorsi mtb del finalese sono tra i più rinomati nel mondo e sono terra di esercizi ed allenamenti di molti campioni nazionali ed internazionali del calibro di Paola Pezzo, Bruno Zanchi, Richie Schley, Wade Simmons, Andrew Shandro.

perchè, dopo poche centinaia di metri in ripida salita *(attenti a non scivolare se è piovuto da poco)*, esso porta a tre cave romane costruite a diverse altezze. E' ormai accertato che proprio da qui sia stato estratto il materiale per costruire i ponti.

IL 4° PONTE, IL PONTE DELL'ACQUA (200M - 1H 30' CIRCA)

Il Ponte dell'Acqua è ben conservato ma è parzialmente interrato; nei suoi pressi sorge un edificio rustico abbandonato, la cosiddetta "Cà du Puncin" alla cui base sgorga una fontanella. A breve distanza è possibile incontrare una cappelletta votiva.

La strada arriva quindi nei pressi di alcuni rustici e terminato lo sterrato carrabile, basta seguire il sentiero vero e proprio. Si arriva quindi nei pressi di quello che era il Ponte Sordo, ormai distrutto ma in compenso ne è stato ritrovato e restaurato un pezzo in lastricato romano.

Lungo il percorso, se si ha ancora tempo, si può fare una deviazione interessante. Proseguendo verso sud, seguendo il sentiero sull'antica via marenca segnalata con il rombo rosso, si può arrivare in cresta fino

FINALE - Uno dei pannelli illustrativi posto all'inizio di una delle falesie di arrampicata.

ENRICO CAVIGLIA
Enrico Caviglia era un militare che diventò vice direttore dell' Istituto Geografico della Marina. Egli ricoprì diversi importanti incarichi nella Prima guerra mondiale, comandando la Brigata Bari sul Carso e l'VIII Corpo d'Armata sul Piave. Egli venne in seguito nominato senatore e ministro della Guerra. E' anche ricordato per essere riuscito a far ritirare Gabriele D'Annunzio da Fiume. Diventò Maresciallo d'Italia ed ebbe molte onorificenze tra le quali il collare della Ss. Annunziata e fu candidato a Capo del Governo.

al famoso Ciappo del Sale. Nel dialetto locale, vengono chiamate "ciappe" le superfici rocciose tabulari che emergono nude dalla macchia vegetativa o dalla boscaglia Ce ne sono molte da queste parti ed alcune hanno attirato in modo particolare l'interesse e la creatività di ignoti scultori che non dovrebbero però essere molto antichi, forse "solo" di qualche secolo data la tipologia della roccia soggetta al consumo del tempo. Questa del sale appare quasi all'improvviso e vi sono disegnate molte incisioni rupestri: coppelle, segni a croce, figure antropomorfe, diverse scritte. Sono graffiti di probabile origine preistorica ma il tutto non è molto certo e quindi potrebbero anche essere medievali. Il nome richiama alla mente il passaggio dei mercanti con i muli che trainavano i carri con le merci. Se si ha ancora del tempo a disposizione consiglio di proseguire lungo questo sentiero perchè esso porta sulla sommità della Rocca di Corno, 304 m, e delle pareti utilizzate dai free-climbers da dove si può godere di una vista spettacolare sulla valle.

Anche se la fitta vegetazione ostacola un poco la veduta, essa è individuabile sulla parete di fronte alla Grotta delle Fate. Occorre prestare attenzione perchè in alcuni tratti il sentiero è a strapiombo, da non percorrere quindi assolutamente in presenza di cattivo tempo o, peggio ancora, di pioggia perchè essi potrebbero diventare scivolosi e molto pericolosi.

IL PERCORSO PER NON VEDENTI

Nei pressi dell'ultimo ponte, quello di Magnone e con partenza dalla cappelletta di Portio, è stato realizzato anche un percorso per non vedenti munito di corrimano. L'itinerario, che ha in comune con la VJ un tratto in discesa verso il ponte, gira poi sulla destra in un percorso ad anello che sale verso il tratto che porta al Ciappo del Sale. Questo itinerario, alla data del Settembre 2006, aveva purtroppo il corrimano interrotto in molti tratti anche se erano ancora presenti diversi cartelli in linguaggio Braille. Alcuni tratti del sentiero sono in ripida salita pietrosa e sono leggermente difficoltosi persino per un normovedente poco allenato ai sentieri. Al momento il percorso è consigliabile solo se effettuato in compagnia di persona normodotata esperta.

IL 5° PONTE, IL PONTE MAGNONE (330M - 2H CIRCA)

Tornando sul sentiero, verso la nostra strada dei ponti, siamo ormai nei pressi delle case della frazione di Magnone. Una precaria indicazione ci annuncia di essere nei pressi dei resti del quinto ponte. Dopo una breve discesa, ecco infatti il Ponte Magnone (m 324), di cui rimane solo una quasi irriconoscibile pila di pietre immersa tra i castagni; esso è ridotto allo stato di macerie ed è seminascosto dagli sterpi. Resta infatti soltanto uno dei pilastri di sostegno a dimostrazione della sua grandiosità.

In seguito alla "Pax Romana" la popolazione Finalese viene organizzata in villaggi di cui sono testimonianza Perti, Calvisio vecchia e Isasco. I paesi erano allora riuniti in un Pago o comunità rurale che è stata alla base dell'unità storico-amministrativa del Finale.

Termina qui l'itinerario strettamente legato ai ponti ma proseguendo si può andare fino alla chiesa di S. Giacomo.

In tutta questa zona sono numerosi i cinghiali, ma di giorno è molto difficile che si facciano vedere mentre sono spesso visibili le tracce del loro passaggio ed in alcune giornate è possibile vedere anche dei caprioli. Se dovesse capitare di vedere dei piccoli, non accostarsi assolutamente ed allontanarsi in quanto l'odore umano potrebbe causare disorientamento olfattivo nei cuccioli e causare la perdita irreparabile di contatto con la madre. Se avvistati in difficoltà tenersi lontani e avvisare la Guardia Forestale al nr. 1515.

La Via Iulia proseguiva quindi oltre e probabilmente si dirigeva verso Gorra per scendere poi a Borgio dove vennero trovate due tombe romane ed anche nei pressi del vicino cimitero, un piccolo tesoro composto da monete romane accanto a muri con resti di colonne. Alcuni studiosi ipotizzano che fosse sorta proprio qui l'antica Pollupice anche se il Lamboglia ritiene che fosse nei pressi di Finalborgo. Era un'antica stazione stradale segnalata

IL FREE-CLIMBING

Le pareti del Finalese hanno circa 50 chilometri di vie da vertigine per climbers ad ogni livello provenienti da tutto il mondo. Il clima mite permette l'arrampicata in quasi tutti i periodi dell'anno. Questo era il regno di uno dei più famosi arrampicatori italiani ed internazionali. Parliamo del grande Gianni Calcagno.

FINALE - Free climber all'opera su una delle falesie di arrampicata.

nell'itinerario di Antonino Pio e nella Tavola Peutingeriana.

Venendo a tempi più recenti, in quest'area dominarono a lungo la famiglia dei Del Carretto della Marca degli Aleramici che governavano dall'alto del loro castello di Gavone e che riuscirono a mantenere indipendenza e autonomia da Genova nonostante la "Superba" movesse contro di loro diverse guerre. Più tardi, nel 1385, i genovesi si appropriarono di Finalborgo, che non era più con i Del Carretto, causando quindi una guerra che si protrasse a fasi alterne fino al 1448. I genovesi furono i vincitori finali ed incendiarono il Castel Gavone per rappresaglia. Poco dopo il castello c'è la chiesa di S. Eusebio nella frazione di Perti anch'essa situata lungo l'antico percorso romano conosciuto in seguito anche come Via Regia o strada Beretta che proveniva da Milano.

Questo tratto è anche parte della Via dei Pellegrini[1] in quanto era percorsa da molte persone che, provenendo dal nord, si incamminavano lungo le Vie della Fede che portavano a Roma. Durante una campagna di scavi è stata rinvenuta una iscrizione paleocristiana che risulta essere la più antica testimonianza scritta della diffusione cristiana in Liguria. Da qui si può scorgere, immersa negli ulivi, oggi utilizzati dal vicino agriturismo, la chiesetta dei 5 campanili o di Ns di Loreto, l'unica forse in Italia di questo tipo, anche se sembra essere un'imitazione della chiesa Portinari in S. Eustorgio a Milano. Essa fu fatta costruire agli inizi del 500 per celebrare il matrimonio fra Alfonso I Del Carretto e Perezza Cybo Usodimare, la nipote di Innocenzo III che rimase vedova. In seguito andò in sposa al grande Ammiraglio genovese Andrea Doria. Il portale riporta i loro stemmi anche se l'interno è lasciato in uno stato che non rende certo onore all'antica importanza. All'esterno, su uno dei muri laterali, una lapide ricorda come la costruzione, deditata in seguito

LA MADONNA DELLA NEVE

Nei pressi del "Ciappo del sale" un bel sentiero porta verso Vezzi Portio, ultimo borgo dal quale si può ancora osservare il mare prima di salire verso le pendici del monte Alto, dove si passa vicino al castello dei conti Cepollini per poi arrivare sino alla bella Colla di S. Giacomo, spartiacque fra costa e valle padana, meta di pascoli e incontro di sentieri diversi. Qui c'è una bella chiesetta un tempo ristoro per i pellegrini, e poco lontano secolari faggi si aprono al luogo storico della resistenza partigiana di Pian dei Corsi. La chiesetta della Madonna della Neve è un buon punto fornito di fontana per una sosta prima di proseguire alla volta dell'importante colle del Melogno.

FINALE - Un antico mulino si incontra lungo la strada che porta ai ponti della Via Iulia.

alla Patrona delle "Vie azzurre del cielo" ovvero agli aviatori, fu restaurata nel 1941 anche con il contributo di Vittorio Emanuele III e di Rinaldo Piaggio che fu uno dei grandi pionieri dell'aviazione italiana.

Verso il litorale di levante, sui promontori attraversati dalle gallerie che conducono al Porto Turistico, si possono vedere Il Castelletto e il Mausoleo di Caviglia. Il castelletto è una casa oggi privata ma un tempo era un'antica torre di avvistamento e fu ristrutturata in seguito come castello. Il Mausoleo contiene le spoglie del Generale Enrico Caviglia, nato a Finale nel 1862, eroe della Prima Guerra Mondiale passato alla storia per la conquista di Bainsizza e di Vittorio Veneto. Queste zone sono famose in tutto il mondo per le pareti verticali, con palestre di roccia sia sul mare che all'interno e che attirano turisti e campioni da tutto il mondo. Per citare forse la più famosa, la Rocca di Corno è una delle mete più ambite dai free climbers. Una deviazione, se avete ancora voglia di camminare o di scendere al mare, porta a Capo Noli e poi a Noli con il suo antico castello e le mura, testimonianza di un passato famoso. Anche questa cittadina era un tempo una delle antiche repubbliche marinare.

I PONTI IN MOUNTAIN BIKE

Il percorso descritto è percorribile anche in mountain

bike. Il Finalese è una delle aree ideali da percorrere con la mountain bike. Ci sono percorsi per tutte le capacità ed attitudini, dai semplici itinerari percorribili anche in bicicletta normale fino ai percorsi fatti di ripidi pendii ed equilibrismi da esperti. Parte della Via Iulia è percorribile anche in mtb ed il percorso dei ponti è uno dei più classici del finalese. L'itinerario combina una gran varietà di terreni, dalla sterrata al sentiero tecnico, e si possono così percorrere circa 30km circa tra percorso principale e deviazioni. Il percorso tra i ponti è in alcuni punti difficoltoso ma si possono prendere agevolmente delle deviazioni laterali. In alcuni casi si presenta qualche tratto in salita molto tecnico per cui occorrerà andare a piedi, come ad es. nei pressi del ponti della località Ca Puncin. In altri casi il percorso è sconnesso, attraversando il greto del rio, come ad esempio nei pressi di Colla Magnone. Deviazioni e viottoli sterrati portano ad alcune sommità panoramiche, come quelle che conducono al Bric dei Monti o al Bric dei Crovi dove lo sguardo spazia dagli altopiani del finalese fino al Golfo di Genova, o ad erbosi spiazzi e pendii come ad es. nei pressi dei prati dell'Andrassa. Qui è anche possibile incontrare dei cavalli con cavalieri, in quanto siamo vicini ad una delle ippovie del finalese infatti poco lontano si trova il maneggio delle Manie che apre su percorsi nella natura e organizza gare e raduni.

Il free climbing nelle falesie dei ponti

Questo entroterra è anche una delle piu' belle zone d'arrampicata d'Italia che, unita alla possibilità di fare i bagni nelle vicine spiagge, ne fanno un bella località di vacanza e relax, traffico ed ingorghi permettendo.
Le pareti sono in prevalenza costituite dalla caratteristica "Pietra di Finale", il morbido calcare che a seconda della parete può presentarsi con caratteristiche a gocce, buchi o fessure.
Le migliori pareti di arrampicata indicate anche dagli esperti escursionisti e dai climber incontrati sono quelle di Rocca di Corno, della Rocca di Perti, del Monte Sordo, quella del Ciappo delle Conche e quelle di Pian Cornei.
L'arrampicata del Monte Sordo è probabilmente la più bella, anche perchè è di facile accesso. Qui siamo in un ambiente roccioso monumentale e si gode di una splendida vista sul mare

La Rocca di Corno è un'affascinante rocca dalla forma slanciata, sulla quale si può salire anche a piedi. E' percorribile tutto l'anno in quanto riparata dai venti e dalla tramontana. E' anche da qui che si possono raggiungere la Val Ponci ed i suoi ponti.

Anche la Rocca di Perti è una struttura estesa caratterizzata dal buon tipo di roccia ed anch'essa è percorribile con un sentiero a piedi ma perde molto del suo fascino quando, arrivati in cima, si ha la vista del panorama... dell'autostrada. Anche questa è certamente più che utile, ma non è proprio quello che ci si aspetterebbe di trovare una volta arrivati in cima.

Altri posti di interesse sono la Paretina di Finalborgo, Monte Cucco, la Mole di Bric Pianarella, il Vallone di Cornei e la Bastionata di Boragni.

Poiché alcuni luoghi sono stati oggetto di trattamenti poco rispettosi della natura - *per non definire altrimenti gli esecutori che speriamo non siano freclimbers o escursionisti* - in alcuni settori è stato disposto il divieto di "free-climbing". Informatevi bene prima di partire alla volta di una località dell'esistenza o meno di tali divieti.

Proseguendo, lungo la strada verso il ponente, si può fare una visita alla vicina Giustenice che era, ai tempi dei Romani, un antico villaggio di Liguri Ingauni. L'antica "Jus Tenens" venne distrutta negli scontri per la sua conquista ed in seguito ricostruita come "mansio" sulla via Iulia Augusta che conobbe anche un particolare sviluppo sotto i Longobardi ed in tempi medievali.

La Via Iulia proseguiva quindi per passare dalla parti di Toirano, dove sono stati trovati resti romani del campo trincerato di Kastron Baractelia citato da Giorgio Ciprio nel VI secolo

Una curiosità che fa comprendere bene come tutto sia relativo. Lungo il tragitto che porta ad uno dei ponti ho incontrato una persona seduta fuori della casa. Alla mia affermazione "Beata lei che sta qui tranquilla mentre io invece sto in mezzo al rumore del centro di Genova" così mi ha risposto: "Non si creda anche qui certi giorni è molto trafficato. A volte passano anche 20 persone durante tutto il giorno"!

Prima di partire non dimenticate di comprare e mettere nello zaino alcuni prodotti tipici liguri che potete trovare nelle panetterie: la focaccia normale o quella con il formaggio oppure la farinata. Vi verranno molto bene come spuntino.

Area Toirano Ceriale

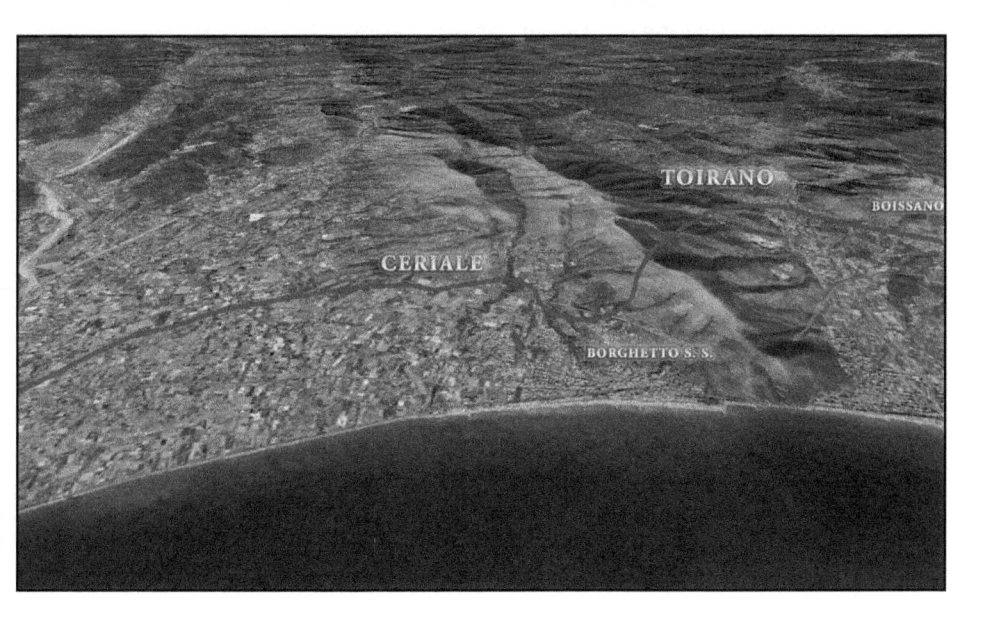

Area BOISSANO TOIRANO CERIALE - Il percorso ipotizzato del tracciato della Via Iulia Augusta in base ai dati storici.

L'ORIGINE DEL NOME DI CERIALE

Il nome della località di Ceriale deriverebbe da quello del centurione romano Pompilio Cerialis. Altre fonti citano due consoli dell'impero romano Onicius Cerialis e Petilio Cerialis

Lasciato il Finalese, la Via Iulia ha perso le caratteristiche del tracciato originario fino ad Albenga per far spazio nei secoli alle nuove strade ed ai nuovi insediamenti. Ma qualche resto è rimasto, magari nascosto nei boschi, o inglobato in qualche frazione dei paesi dell'interno.

Proseguendo lungo la linea di costa ma rimanendo nella parte immediatamente interna, si arriva alle cittadine di Toirano e di Ceriale.

A Toirano era rimasto qualche rudere localizzato fino a non molti anni fa nei pressi dell'antica chiesa cistercense - il percorso arrivava qui da Boissano - ma i mattoni sembra facciano ora parte di qualche muretto di divisione inter poderale tra alcuni terreni della piana che porta a Borghetto S. Spirito.

La strada proseguiva quindi salendo le pendici della base

del Monte Piccaro, dove è posizionato il castello Borelli tra Borghetto e Ceriale, per proseguire tra i campi tra Ceriale e Peagna. Alcuni resti sono ancora tra i muri del sentiero sulle alture di Ceriale, alla curva di Via Magnone dalla chiesa nuova, dov'era un tempo l'antica frazione di Capriolo, con i suoi abitanti spostatasi in seguito più a monte, a Peagna, per un'invasione di formiche o termiti.

La frazione di Peagna è un borgo a struttura uniforme su un costone della collina nel punto in cui la Via Romana si affaccia da Levante sulla Piana Ingauna. Il nome Peagna significa transito, passaggio. Anche lungo il sentiero che si inerpica verso la chiesa, e che sembra fosse proprio sul vecchio tracciato, alcuni contadini ricordavano bene fino ad alcuni anni fa di resti e ruderi ancora lungo l'antica via. Ora saranno componenti di qualche muretto o staranno facendo bella mostra di sè in qualche giardino,. o scomparsi tra le fondamenta di qualche nuovo insediamento edilizio. La via Iulia proseguiva quindi per arrivare fino al Pontelungo sul fiume Centa.

Scendendo lungo la strada che si diparte alla destra dell'incrocio principale di Peagna ed attraversando campi coltivati a verdure pregiate si raggiunge, dopo 2 Km circa, la chiesa di S. Giorgio di Campochiesa (o in Pratis de Campora), di stile romanico-gotico. Sorta su una cappella altomedievale, fu sede di priorato e parrocchia di villaggi della zona. Sarà in seguito anche un importantissimo punto di sosta e ristoro per la vie che seguivano i pellegrini. All'inizio del Seicento essa decadde.

I CORSARI

Ceriale divenne tristemente famosa per l'invasione dei Corsari del 1637 che in una sola notte portarono via 300 abitanti. Venne richiesto un riscatto che potè essere pagato dopo molti anni. Sembra che in realtà la città presa di mira fosse Borghetto s. Spirito ma poichè questa era cinta da mura difensive venne scelta Ceriale che si presentava di ben più facile conquista. Ancora oggi si celebra con una festa - e in qualche anno con un corteo in maschera - l'avvenimento per la gioia dei villeggianti e dei vacanzieri estivi.

PEAGNA

La frazione di Peagna è un borgo a struttura uniforme su un costone della collina nel punto in cui la Via Romana si affaccia da Levante sulla piana ingauna. Il nome Peagna significa transito, passaggio. La frazione di Peagna è sede della Biblioteca dei "Libri di Liguria" nella quale viene organizzata la "Rassegna dei Libri di Liguria" dagli "Amici di Peagna", patrocinata dal Comune di Ceriale ed alla quale sono invitati illustri ospiti del mondo letterario e culturale ligure e nazionale.

Il campanile venne restaurato e l'abside contiene un "Giudizio universale (1446) con le figure di Dante, Virgilio e personaggi della commedia in Liguria. In anni recenti esso è stato oggetto di restauro, comprendente anche l'area circostante e l'ingresso è permesso solo su richiesta delle chiavi al parroco del vicino oratorio o in speciali occasioni dell'anno.

CERIALE - L'antica chiesa vecchia di Peagna dedicata a San Giovanni Battista

S. GIORGIO di CAMPOCHIESA - Gli affreschi del ciclo dantesco.

Itinerario Albenga Alassio

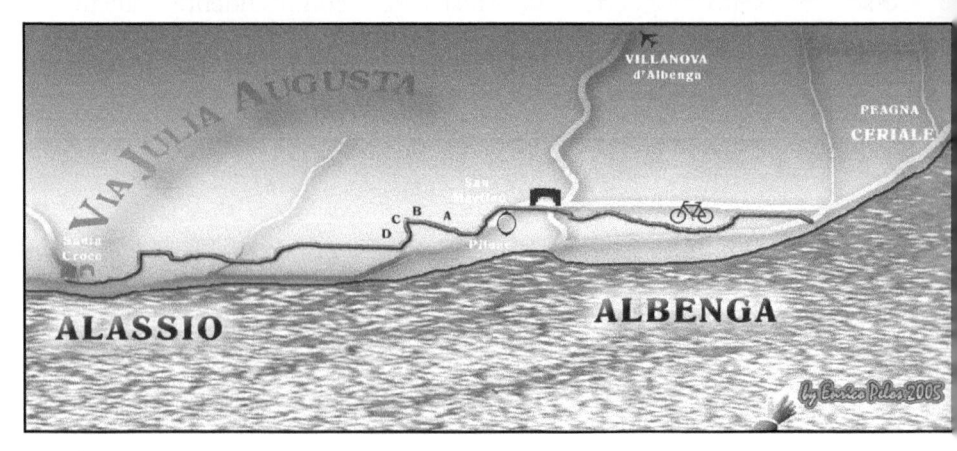

ALBENGA - Cartina del percorso della Via Iulia Augusta da Albenga ad Alassio

Accesso	:	Albenga è raggiungibile da Genova, Savona ed Imperia seguendo o l'autostrada A10 (uscita Albenga) o la statale n.1 Aurelia o la statale 582 Garessio Albenga per chi proviene dal Piemonte.
Lunghezza	:	5 km circa
Difficoltà	:	facile, adatto a tutti
Tempo	:	2 ore circa a passo normale, 3 se con piccole soste per foto, osservazioni panorama, flora etc.
Dislivello	:	100 m circa. Il punto di partenza di Albenga è a 10m s. l. m. nei pressi dell'Abbazia di san Martino con arrivo alla chiesetta di S. Croce ad Alassio a 104m s.l.m.
Periodo consigliato	:	Primavera, autunno e inverno
Simbologia	:	due pallini rossi, a volte su campo bianco e/o un riquadro rosso vuoto da Alassio. Il percorso è corredato da pannelli descrittivi con piante illustrative dell'Arch. Silvia Landi dei monumenti in 3 lingue (it., ing, fr.) a cura della Soprintendenza ai Beni Archeologici della Liguria.

Questo percorso è il tratto con più parti rimaste fedeli al tracciato originale insieme al percorso dei 5 Ponti in Val Ponci. E' molto bello e suggestivo, con il mare e l'isola della Gallinara sulla sinistra ed i monti sulla destra. Il percorso è pedonale e

L'Isola Gallinara

L'isola della Gallinara deriverebbe - secondo Catone e Varrone - il suo nome dalla presenza già in età romana di galline selvatiche. E' un tipico esempio di macchia mediterranea ed un vero e proprio giardino sull'acqua con molte specie di piante quali, per citarne solo alcune, rosmarino, basilico, begonie e gerani. Ci sono i resti del convento Benedettino (sec. XIX), dell'Abbazia (sec. XIV) ed un torrione del 1506. La tradizione narra che in una delle caverne abbia abitato S. Martino vescovo di Tours, perseguitato dagli ariani. Vi approdò in seguito, a causa del mare in tempesta, nel 1162, il papa Alessandro III.

solo in alcuni tratti passano macchine private o mezzi poderali anche se negli ultimi anni, con la tendenza ai "restauri" di vecchi ruderi, alcuni tratti si vanno allargando sempre più o cambiano il fondo, per cui si notano

ALBENGA-ALASSIO Il percorso della Via Iulia rilevato con navigatore gps. La successiva elaborazione cartografica, in rilievo 3D dell'area, illustra bene il percorso della passeggiata con le relative altezze. A lato l'isola Gallinara.

ALBENGA - I primi resti che si incontrano lungo il primo tratto dell'itinerario.

ALASSIO - Panorama sul mare della Gallinara

Il Pontelungo

E' sul Pontelungo che vennero fermati i Saraceni provenienti da Ceriale.

sempre più macchine di passaggio. L'itinerario passava un tempo anche sopra il ponte Romano di Pontelungo di Albenga ma oggi è interrato in quanto il fiume Centa è stato deviato dal suo percorso originario. Il ponte e questo itinerario furono percorsi in tempi antichi anche da Dante, Petrarca, S. Caterina da Siena e Innocenzo IV - per rimanere ai personaggi tra i più famosi - per recarsi in Francia. Proveniendo quindi da Peagna di Ceriale e dopo aver camminato sul Pontelungo di epoca medievale, che passa a fianco del Santuario della Madonna di Pontelungo, si percorre il marciapiede che l'affianca per arrivare alla prima rotonda all'ingresso di Albenga, passando davanti ad alcuni resti romani a livello inferiore a quello stradale. Proseguendo si può continuare direttamente per Via Genova oppure fare l'antico percorso della via Julia Augusta che, passando l'attuale porta Molino ed uscendo da porta Arroscia, è oggi Via Medaglia d'Oro la strada principale del

La Gallinara è un isola di quarzite, che si estende per circa 11 ettari ed è distante dalla costa poco meno di un chilometro e mezzo. L'isola è parco regionale ma è anche proprietà privata, per cui è vietato l'approdo. Intorno all'isola si estende un fondale roccioso, profondo e ricco di pesce di pregio. Cernie, alghe, spugne e spirografi lo tingono di colori inusuali. Verso la parte esterna ci sono tre ampie grotte che hanno svelato alcune sorprese storiche interessanti ed ancora in anni recenti sono state trovate anfore o resti di antiche navi affondate. Capita invece sempre più frequentemente di avvistare dei delfini. Sull'isola nidificano gabbiani reali e comuni insieme a cormorani e rapaci come il gheppio. Il punto più vicino dalla Via Iulia è la Punta Murena (Villa russa).

ALBENGA - L'inizio dell'itinerario (feb. 2007)

Ospiti illustri ad Albenga. Molti personaggi famosi nella storia ebbero modo di visitare Albenga: Papa Innocenzo IV (1425, durante il viaggio verso Lione per scomunicare Federico II), Dante Alighieri (durante l'esilio), Francesco Petrarca (proveniva da Avignone), Santa Caterina da Siena e Papa Pio VII (1814, di ritorno dalla prigionia di Fontainebleau). Centro Storico. In entrambi i casi si arriva successivamente ad attraversare il ponte ponte rosso-arancio intitolato a G. Viveri sindaco di Albenga sul finire del secolo scorso.

Perchè si parla di attraversare Albenga mentre si potrebbe andare subito all'inizio della Via Romana? Perchè quello che si può vedere alla destra del ponte merita veramente una sosta. Appena finito il ponte basta fare pochi passi per ammirare qualcosa scoperto in tempi recentissimi: resti di alcune abitazioni romane, appartenenti all'epoca della Via Iulia nascoste per secoli sotto il letto del fiume Centa. Come accennato il fiume non passava qui e la deviazione in questo punto ha fatto sì che si potessero preservare le abitazioni andate perdute nelle aree circostanti per le nuove costruzioni e strade.

Attraversato quindi il ponte rosso e girato subito sulla destra si possono quindi ammirare i resti di un'area cimiteriale, con annessi resti di una chiesa paleocristiana - sorta nel Sec IV era intitolata a S. Calocero ed affidata dall'VIII sec. ai Benedettini della Gallinara ed in seguito, dal XIII, alle monache benedettine. Il complesso fu abbandonato nel 500 perchè in località insicura - ed un edificio termale. In una delle tombe furono portati alla luce i resti di una fanciulla con una reticella d'oro sul capo, databile al III-IV sec.

I resti romani trovati nell'alveo del fiume Centa nell'area di San Clemente, nei pressi del centro di Albenga (settembre 2006).

L'area è venuta alla luce nel 2001 nel corso dei lavori di allargamento del letto del fiume Centa. I ruderi della chiesa sono di origine medievale ma ci sono tracce di un'antica costruzione risalente all'epoca cristiana.

dopo Cristo.

L'area archeologica venne alla luce nel 2001, durante i lavori di allargamento del fiume Centa che furono eseguiti per salvaguardare la città dal rischio alluvionale.

A ridosso della sponda del fiume sono quindi visibili i ruderi della chiesa medioevale a tre navate absidate, dedicate a San Clemente, appartenute un tempo ai Cavalieri Gerosolimitani - gli attuali Cavalieri di Malta - che all'epoca delle Crociate avevano qui anche un ospedale. La scoperta costituisce una delle testimonianze più antiche ed importanti delle diffusione del cristianesimo ad Albenga ed in Liguria. Durante l'età romana imperiale quest'area era interamente occupata dalle terme pubbliche di Albenga, con edifici e spazi destinati ai bagni freddi e caldi e al ritrovo dei cittadini.

A San Calocero si sono trovate inoltre una decina di sepolture con tegoloni romani ed anche "conchiglie del pellegrino" ad indicare la presenza di pellegrini reduci da un viaggio dalla Spagna da San Giacomo di Campostela.

Non bisogna dimenticare che le mura di Albenga furono tracciate nel periodo della dominazione romana quasi duemila anni fa e quindi ancora oggi potrebbero riservare delle sorprese e delle scoperte.

Dopo questa sosta e proseguendo sempre dritti lungo la strada principale si arriva subito dopo ad un bivio. Prendete sulla destra in via Fratelli Ruffini.

Vi trovate ora in Via S. Calogero e dopo pochi metri - *osservate con attenzione perchè potrebbe sfuggirvi* - sulla sinistra, comincia una stradina.

I BENEDETTINI

I Benedettini della Gallinara diventarono estremamente ricchi e potenti fino all'VIII secolo. Questi monaci provenivano ed appartenevano in origine alla casa madre di S. Onorato di Lérins, uno dei più prestigiosi monasteri benedettini del Mediterraneo. Fino ad allora usufruirono di molti privilegi in quanto erano considerati un "Baluardo della Cristianità". Negli anni che seguirono dovettero cedere via via molti possedimenti al Vescovo di Albenga e a diverse autorità religiose o politiche di territori lontani. All'apice della loro potenza possedevano vasti territori in Liguria, Provenza e Catalogna. La loro giurisdizione nel basso Piemonte arrivava fino alla Chiusa di San Michele in Val Susa. I Benedettini costruirono il convento, ma con il prevalere di Genova (XII secolo) cominciò la decadenza: diventò "commenda" ('400) e nel 15º secolo anche l'isola passò definitivamente alla chiesa di Albenga. Venne quindi ceduta a privati nel 1842 e divenne Parco Naturale Regionale nel 1989. C'è un piccolo ed accogliente porticciolo, la grotta di S. Martino di Tours *(ne fece luogo di meditazione nel 357)* e la punta del "soffiatore". In cima si trova una tipica Torre genovese (1506), una Villa padronale ed una Chiesetta neogotica.

E' la salita alla bella chiesetta della Madonna di Fatima. Occorre fare tre curve e dopo poco compare un pannello indicatore e descrittivo della Via Iulia accanto ad un cartello di divieto di accesso per i veicoli.

ALBENGA - Lungo la psseggiata (feb. 2007)

E' questo l'inizio del percorso vero e proprio della Via Iulia antica. Il percorso è contrassegnato dal simbolo con 2 pallini rossi.

Ovviamente si può arrivare fino a qui in auto provenendo dallo stradone dell'Aurelia ed evitare di entrare in Albenga, anche se la città merita la visita imboccando la deviazione alla destra appena prima della galleria se si proviene dal casello dell'autostrada di Albenga o da Ceriale. Si gira poi a sinistra e ci si immette sulla carrozzabile Albenga Villanova e si arriva dopo circa una trentina di metri davanti ad una antica chiesetta altomedievale scoperta casualmente nel 1933. Sulla destra si trova la stradina già citata in ripida salita. Dopo poche curve si vedono i primi cartelli. Si può posteggiare l'auto in questo tratto ed iniziare il percorso a piedi.

La via usualmente conosciuta oggi come Aurelia era allora chiamata ufficialmente Via Iulia Augusta per essere stata sistemata dall'imperatore Augusto nel 13 A. C. e forma una passeggiata archeologica di tutto interesse storico e ambientale. L'area rimase a lungo incolta e poi coltivata a fasce per vigne e oliveti dai Benedettini e arrivava fino all'antica chiesetta di S. Croce che si affaccia sul panoramico Golfo di Alassio. Lungo questa via si svolgevano le comunicazioni di tutta la riviera e proprio qui, lungo questa strada, nacque Alassio.

Tutto il percorso, dalle antiche chiese di S. Martino di Albenga e di Santa Croce di Alassio è quindi il tratto più suggestivo e meglio conservato dell'antica Via Iulia. Si svolge a piedi fino ad Alassio con tratti in piano e tratti in leggera salita che nella parte finale diventa leggermente più ripida ma è tutto percorribile senza difficoltà, adatto per tutti e percorribile tutto l'anno.

Questo itinerario, che è una vera e propria passeggiata archeologica, è dedicato all'insigne studioso Ligure Nino Lamboglia (1912-1977) che fu un pioniere dell'indagine archeologica. Fu il primo e più importante ricercatore a portare alla luce i primi monumenti di questa via ed è merito suo si deve a lui se si possono ammirare oggi. Era lungo questa via che si svolgevano tutte le comunicazioni terrestri fino all'arrivo di Napoleone. Le sue armate non potevano certo muoversi agevolmente in quest'ambito e costruì la strada immediatamente vicino al mare. E' il percorso oggi conosciuto come Aurelia ma la strada era stata anche chiamata un tempo, più propriamente, "Strada Napoleonica".

ALBENGA - Resti della chiesa cimiteriale di San Vittore

Può destare una certa emozione pensare che fu lungo questa strada che passarono alcuni alcuni personaggi antichi e famosi dopo che ebbero modo di visitare Albenga e proseguendo nei loro viaggi verso il ponente: Dante Alighieri (nel periodo dell'esilio), Papa Innocenzo IV nel 1251 (durante il viaggio verso Lione per scomunicare Federico II), Cola di Rienzo, Francesco Petrarca (di ritorno da Avignone), Santa Caterina da Siena nel 1376, Carlo V Imperator nel 1536, Papa Paolo III nel 1538, Papa Pio VII (15 febbraio 1814) di ritorno dalla prigionia di Fontainebleau e Napoleone Bonaparte nel 1796.

Poco distante, nel centro storico, c'è l'interessante Museo Civico Ingauno che conserva importanti cimeli dell'eta romana (oltre che preromana e medioevale) e che conserva importanti testimonianze epigrafiche dell'Albingaunum dei tempi romani. Nel salone principale si trova la pianta della città antica con molti oggetti romani provenienti dalle principali località di scavo della zona come ad esempio quelli trovati a Caprauna nell'Alta Val Pennavaire.

Prima di cominciare il percorso vero e proprio è interessante volgere lo sguardo sulla sinistra dove si trova la strada (privata) che porta al cosiddetto "Pilone". Il monumento è di proprietà comunale; la strada era un tempo percorribile liberamente (oggi è di fatto "sequestrata" in mezzo ai terreni delle proprietà private ma è previsto un varco per le visite in un prossimo futuro) e portava al piccolo ma magnifico "anfiteatro" adagiato in una spianata di forma ellittica con alberi di vario tipo, tra i quali svettano alcuni cipressi monumentali quasi a gareggiare in altezza con le antiche torri delle case avite dei signori di Albenga, ed offrendo un bel panorama sull'isola Gallinara, sulla pianura di Albenga e sui monti circostanti. Rimangono molti resti di questo manufatto che si estendeva su una superfice di circa 70x50m e costruito fuori le mura, come usava in quei tempi, ma insolito su una collina.

Sembra che questo monumento sia stato eretto come ricordo a celebrazione della Pax Romana della Battaglia del 516 a.C. sotto Augusto "Pax Liguribus facta est". Il D'Andrade identificò l'edificio ai primi del '900 e riuscì a portarne alla luce una parte nel 1934. Completò poi l'opera di recupero con successivi scavi avvenuti nel 1973. Dal 1975 si procedette poi ad uno scavo di tipo sistematico, atto a portare alla luce tutto quanto era ancora celato. Furono riportati in vista, e sono oggi visibili, il muro perimetrale esterno con i contrafforti, l'ellisse interno che circondava l'arena e nella parte est è conservato uno

LA PRIMA ASSOCIAZIONE

Nel 1932, nasceva ad Albenga la prima associazione storica della Riviera creata da liguri: si chiamava "Società Storico-Archeologica Ingauna e Intemelia", e si occupava soprattutto dell'archeologia e della romanità come momento storico culminante del nostro passato ed richiamandosi anche alle antichissime tradizioni delle città di Albenga e di Ventimiglia ("Albium Ingaunum, Albium Intemelium", le primitive città dei Liguri Ingauni e dei Liguri Intemelii), per recuperarle e rivalutarle a fondo, sia nel campo degli studi sia per quanto concerneva la conoscenza generale e la valorizzazione turistica che tanta importanza avrebbe avuto in seguito. Margherita Berry fu tra i primi entusiasti soci di questa società fondata e guidata da un giovane Nino Lamboglia e volle ed ottenne che nel 1937 se ne fissasse la sede proprio nel Museo Bicknell di Bordighera. Purtroppo si stava avvicinando la guerra e Margaret Berry doveva partire in quanto gli inglesi stavano diventando dei "nemici".

Purtroppo non fece più ritorno ma aveva pensato in tempo a provvedere alla salvaguardia principale della sua eredità, del marito e di Clarence Bicknell, e gli studiosi che negli anni a venire avrebbero letto la sua storia l'avrebbero ricordata con ammirazione e gratitudine.

49

dei due principali ingressi di proporzioni considerevoli. Sembra che proprio qui venissero scoperti, a seguito degli scavi fatti dal d'Andrade, alcuni resti del muro perimetrale con contrafforti che indicavano come sorgesse qui probabilmente l'"Oppidum" e che confermerebbe come la nascita di Albium Ingaunum (città degli Ingauni - Albenga) nel IV e III secolo A. C. fosse avvenuta in queste zone.

ALASSIO - Resti di uno dei monumenti funerari. Rimasto abbastanza intatto attraverso i secoli, venne quasi completamente distrutto durante un bombardamento dell'ultima guerra mondiale.

Per quanto concerne i resti della chiesa e dell'Abbazia medievale di San Martino, - sede in terraferma dell'Abbazia della Gallinara, - la prima è stata a lungo una casa colonica e la seconda una villa con ristorante. Questi edifici facevano parte della vasta tenuta monastica, comprensiva dei molti terreni circostanti, appartenenti ai monaci Benedettini dell'Isola, della Gallinara che si trova di fronte.

La chiesa ha ancora l'abside all'interno mentre l'esterno con le bifore gotiche è stato restaurato nel '900.

Anche da qui si poteva poi raggiungere il percorso principale ma da alcuni anni il ristorante è chiuso e non è permesso entrare in quanto è proprietà privata. Se avrete la fortuna di trovare aperto (difficile ormai), e chiedete il permesso di entrare con cortesia, vedrete che vi fanno passare e quindi giungere dopo qualche decina di metri, ad una spianata alberata che contiene l'antico Anfiteatro, con vista panoramica su tutta la città di Albenga. Sono ancora visibili ampi resti del muro perimetrale esterno e di quello interno che circondava l'arena.

Il Pilone era nel 1982 ormai ridotto ad un insieme

ALASSIO - L'antichissima chiesetta di S. Anna (maggio 2000) oggi proprietà privata ma, fino al XV secolo, chiesa parrocchiale della cittadina. E' considerata momumento nazionale

di mattoni "rosicchiato" dal vento e dalle intemperie. Un restauro era già stato eseguito dal d'Andrade nel 1892 che lo completò fedelmente ispirandosi all'antico stile romano di antico monumento funerario del II secolo d. C. Queste tombe, del tipo a torre, erano chiamate pile sin dall'antichità. Era in origine più alto - sembra che il d'Andrade si sia fatto prendere un po' la mano ed abbia ecceduto nelle dimensioni e nell'impiego dei mattoni - e ci pensarono i tedeschi a demolirlo in parte nel 1944, riducendolo di qualche metro. Il monumento accoglieva, nella parte alta e rivolta verso il mare, le urne cinerarie di importanti personaggi rimasti a noi ignoti ma sicuramente cittadini albingaunensi di alto lignaggio e proprietari dell'area. Questo tipo di monumento sembra essere unico nel suo genere. Ce ne

ALASSIO - La chiesetta di Santa Croce. Qui finisce l'itinerario (maggio 2005)

sarebbe uno simile - ne dava notizia il Lamboglia - lungo la strada Albenga-Garessio ma più piccolo e composto ormai solo dalla parte inferiore. Non mi è stato possibile trovarlo, forse è stato trasformato in una delle cappellette votive lungo la strada.

Tornando sul percorso, o immettendosi dall'area del Pilone e dell'ex Abbazia se il cancello è aperto, si torna sul tratto iniziale e sin dai primi passi si trovano alcuni giardini pensili restaurati con una bella ringhiera scorrimano in legno che permettono di avere un'ampia vista sul panorama sulla Gallinara e nella piana sottostante, ora con palazzi residenziali e vacanzieri e strade.

Proseguendo si notano alcuni muri che sono stati restaurati e che passano vicino a poderi con villette e casette immerse nel verde.

La zona era rimasta abbandonata nei secoli ed era stata modellata dai monaci benedettini nei tipici terrazzamenti a "fasce" liguri. I monaci ne ebbero possesso per secoli e coltivarono i terreni a vigneti e ulivi per estensioni di vari chilometri

Dopo altri pochi passi ecco comparire i resti di un monumento importante (A) compreso in una costruzione rurale e subito dopo una bella villetta con cane sornione che deve essere ormai abituato ai visitatori.

I resti sono quelli di una tomba familiare del I secolo dopo Cristo formata da un recinto rettangolare di circa 10 metri per 8. Ai tempi dei Romani si misurava in piedi per cui sono circa 32 piedi romani per 26. All'interno della parte nella collina erano situate le sepolture in nicchie interne che servivano per le urne cinerarie. L'edificio, che ha la parte principale in conglomerato cementizio, è composto da particolari blocchetti squadrati di pietra che erano del tipo di quelli largamente usati nelle Gallie

LE VILLE DI ALASSIO

Proseguendo per questa strada, scendendo verso Alassio, si possono incontrare le ville abitate un tempo da Carlo Levi, che soggiornò a lungo in questi luoghi e che descrisse in alcuni dei suoi libri, e Villa Pergola quelle delle Famiglie Hanbury, Montagu, Mac Murdo e Gibb. Gli inglesi crearono il mito di Alassio e diedero inizio al turismo moderno.

Essi furono costretti a rientrare in patria a causa della II Guerra Mondiale e dagli anni sessanta sono praticamente scomparsi.

Altri inglesi famosi che celebrarono Alassio furono il musicista Edward Elgar e Richard West, famoso per i suoi acquarelli in stile romantico, celebrativo di un mondo antico ed ormai perduto per sempre.

ALASSINI A LEPANTO

Gli alassini parteciparono alla battaglia di Lepanto contro i Musulmani con delle galee. Fino al '700 le attività svolte erano legate alla pesca del corallo. In seguito si spostarono in molti sulle rive dell'Adriatico per dedicarsi alla pesca del tonno comandando tonnare) o diventando cuochi e conservieri.

Gli inglesi ad Alassio

Il Congresso di Vienna del 1815 assegnò Alassio al Regno di Sardegna ed è da questo importante avvenimento che si pensò di cominciare a sfruttare le risorse turistiche ad un livello europeo che avrebbe avuto sempre più importanza negli anni a venire. Il gruppo di turisti più consistente e famoso fu quello dei turisti inglesi che consideravano Alassio una delle tappe più importanti del loro "Grand Tour". Per alcuni anni fu una vera e propria "Colonia inglese", raggiungendo anche 20.000 presenze con una propria chiesa Anglicana, una propria biblioteca, che era allora la seconda per importanza al di fuori dell'Inghilterra dopo Firenze, ed un suo cimitero. La prima forma di pubblicità la fece il famoso medico tedesco Giuseppe Scheneer che scrisse un famoso trattato di climatologia nel 1878. Gli inglesi Hanbury, famosi per i loro giardini a Ventimiglia, costruirono anche la stazione ferroviaria per far fermare i treni di allora in questa località. Oggi non si vedono più turisti inglesi ma ce ne sono molti tedeschi e la biblioteca è diventata parte di quella comunale di Alassio. La chiesa è sede di mostre ed eventi culturali quali ad esempio la recente mostra del bravo fotografo savonese Alessio Delfino con le sue splendide foto "dorate" o in B/N.

e messi in modo particolare in funzione dei colori a formare una interessante decorazione. Sulla parte frontale sono composte delle fasce colorate messe a "spina di pesce" con movimento contrapposto verso la parte centrale.

Ai tempi dei Romani era diffusa la credenza secondo cui lo sguardo dei vivi ridonasse una briciola di vita ai defunti, per cui eressero le necropoli ai bordi delle strade. Le facciate erano quindi rivolte direttamente sulla via Iulia Augusta.

Successivamente troviamo altri resti di costruzione (B) che sembra fossero appartenere più ad una villa che ad un monumento funerario visto lo stato di conservazione del muro. Si arriva quindi in località Maimona dove è ben visibile un muro lungo circa 30 metri. Era questo probabilmente il recinto di una tenuta rurale costruito con blocchetti quadrati di arenaria. La villetta all'interno era una casa colonica ed è anch'essa su fondamenta romane. Proseguendo si incontrano altri resti di edificio con la stessa pianta (C) e (D) perchè erano monumenti sepolcrali. Hanno una nicchia semicircolare nella parte centrale che serviva molto probabilmente a contenere la statua del defunto rivolta verso oriente.

Proseguendo, ci si trova poi davanti ad un altro tipo di sepolcro a colombario che risale al I secolo d.C.. Questo edificio ed i precedenti sono stati portati alla luce nella campagna di scavi del 1937 e conservava nei loculi tracce delle urne cinerarie. Nella parte interna c'era un intonaco con pitture e sulla parte frontale c'era una vasca che serviva alla raccolta di acqua. Successivamente ci si trova a passare su un tratto in antico lastricato in pietra con i marciapiedi rialzati ed i gradini disposti trasversalmente per consentire il deflusso delle acque piovane. Queste caratteristiche sono proprio quelle tipiche delle strade romane come pure il muro di sostegno della strada costruita in blocchi. Da questo tratto della Via Iulia Augusta imperiale si può dedurre la larghezza che arrivava ai circa 4 metri di larghezza. Poi si passa vicino ad un'altra tomba molto grande e che è andata in parte distrutta durante l'ultima guerra. Dopo di che si arriva nei pressi del bel campeggio-residence "Monti e Mare". Proseguendo si attraversa un complesso di villette, ci troviamo in Regione Torre Delfi, e risalendo il pendio a sinistra si continua in mezzo a campi coltivati e villette.

LA VITTORIA DI ARLES
Antonio Scofieri e Stefano Arnaldi furono due valorosi capitani alassini appartenenti alla scuola di Finale, quella del grande ammiraglio genovese Andrea Doria, che sconfissero i Turchi ad Arles nel 1522.

Dopo poche curve, passato un gruppo di costruzioni si arriva ad una di esse abbastanza ben tenuta nella parte esterna ed apparentemente senza molta importanza.

Un occhio meno distratto però noterà subito un affresco, in una rientranza ad arco con panchina, che ci fa capire di essere vicino a qualcosa di interessante. E cosi è. Infatti qui anticamente esisteva una chiesetta dal passato di grande storia e risalente all'anno mille. Era questa la chiesa di S. Anna ed era la chiesa dell'antica Alassio. La cittadina nacque infatti su questo percorso ed alture. Una invasione di formiche costrinse gli abitanti ad abbandonare le case e fuggire più in basso verso la costa ed a fondare le origini della moderna Alassio.

E' forse una delle prime costruzioni sacre di tutta l'area Ingauna e venne eretta dai Benedettini della Gallinaria. E' stata la prima Parrocchia di Alassio, e lo fu per quasi 500 anni perchè si celebrarono funzioni fino al 1507. Fu comunque officiata anche in periodi successivi, ma non più come parrocchia di Alassio e rimase luogo di culto fino all'epoca napoleonica. I soldati, nel 1811, imposero le nuove leggi di esproprio delle proprietà ecclesiastiche, i romiti furono fatti sloggiare e quindi venne ceduta a contadini. Questi si sistemarono con modesti accorgimenti, al piano superiore, mentre sotto, in chiesa, incominciarono ad andare e venire gli animali. Erano gli ordini emanati dal Generale Massena (1794) di trasformare le chiese in edifici pubblici per depositi di viveri e di sostituire il crocifisso con la bandiera della libertà. Nel 1797 era stata proclamata la Repubblica Ligure sull'esempio di quella Francese. Fu poi, per un certo periodo, anche adibita solo a stalla e lasciata quindi cadere nell'abbandono e nell'oblio. Ridotta ad un rudere, stava per essere sommersa dai rovi come alcune delle vecchie costruzioni di Alassio cosicchè venne deciso il suo radicale restauro. Siamo negli anni 1968-70 ed essa venne anche riaperta al culto religioso.

Durante i restauri vennero alla luce interessanti affreschi; il più esteso era sulla parete sinistra del portico e rappresentava il Cristo Pantocratore racchiuso in una mandorla proprio sotto la testata del muro divisorio, con alla destra una folla di beati e alla sinistra, nella navata, un "Angelo della salvezza", frammento di una probabile rappresentazione di dannati all'inferno. Sulla sommità del muro della facciata si trovava un frammento con la figura di Sant'Anna e altri due volti. Questi affreschi risalgono probabilmente alla fine del XV secolo. All'interno vi è una navata trapezoidale che si restringe dalla facciata verso l'abside quadra, preceduta da un portico rettangolare; prima dell'abside, a sinistra, si trova uno slargo rettangolare che dovrebbe essere ciò che rimane di una precedente piccola costruzione romana.

Ricordo ancora l'emozione che provai di quando finalmente la trovai per la prima volta. La stavo cercando nell'ambito di una ricerca fotografica sulle "Vie della Fede dei Pellegrini in Liguria", che sarebbe stata poi oggetto anche di una mostra fotografica ed un proiezione multimediale a Peagna di Ceriale ed a Savona. Non era stato facile: nessuno ne aveva sentito parlare né tanto meno sapeva dove fosse. Ebbi la fortuna di trovarla aperta quando, in una bella giornata di sole, potei entrare e visitarla. Passato lo stretto ingresso ebbi modo di vedere così la lapide in marmo e dopo una stretta rampa in pietra si può accedere al piano di sopra.

La casa, seppi poi, era stata nuovamente venduta dalla chiesa ad un privato. L'abitazione era abbastanza ben tenuta, ma si capiva che c'erano stati atti di vandalismo e saccheggio ed i lavori interni mostravano bene il tipo di restauro di un certo livello avvenuto nello stile degli anni '60; anche spendendo anche una notevole somma.

La posizione incantevole e

Il Pittore R. Whateley

Ad Alassio capitò per la prima volta un pittore irlandese nato a Dublino nel 1848 e morto a soli 57 anni nel 1905 a Fiesole: Richard Whateley West Fu nell'estate del 1885 che, attratto dal paesaggio mediterraneo, decise di eleggere Alassio a seconda patria rendendo così concreta la sua passione per la pittura ed in particolar modo per le vedute di paesaggio ispirandosi al romanticismo di Turner ed ai paesaggi di Constable. Egli ritrasse la realtà della riviera in modo armonico e con un suo particolare tratto cromatico. Una collezione di circa un'ottantina di quadri venne donata al comune dalla figlia dell'artista nel 1963 con in prevalenza le realtà paesaggistiche nel tratto che va da Albenga a Capo Mele.

tranquilla aveva convinto il proprietario ad esguire i restauri, ma, dopo averla trovata ripetutamente visitata dai ladri, si arrese e non tornò più.

L'affresco ahimè, era ed è (23 Feb. 2007) ormai cosparso di scritte e graffiti da parte di quei turisti-escursionisti che amano lasciare i loro "ricordi", non rendendosene conto e volendo essere protagonisti dell'avvenuto passaggio. All'interno, dietro una spessa grata in ferro battuto, si vede l'antico altare.

Un piccolo sentiero si inerpica a lato e, percorrendone una parte, si possono notare, ormai seminascosti tra i rovi, ora lasciati scoperti anche dall'incendio del dicembre 2007, i resti di antichi muretti delle case abbandonate dagli antichi alassini che dovettero fuggire anche qui per una invasione di formiche giganti o termiti. Intorno, la vegetazione di composita di ulivi contorti e carrubbi inselvatichiti, i cui frutti secchi sono ghiottoneria per cagnolini di passaggio, lascia intravedere antichi passaggi e ruderi per la salita alle pietre del Monte Bignone.

Pochi metri più in là la strada affronta una curva con un ponticello su di un rigagnolo. Fermandoci un istante in questa piccola conca, all'ombra dei suoi alberi, si può immaginare il

Il "Piatto Blu" di Albenga

Durante la campagna di scavi del 1997 svoltasi nell'area del Pontelungo è stato ritrovato un oggetto di eccezionale valore. Si tratta infatti di un piatto di vetro antico che secondo gli esperti sarebbe il più bello del mondo per quanto concerne questa categoria di reperti storici. È stato considerato quindi un gioiello di inestimabile valore e la città di Albenga lo ha già eletto suo simbolo, che oscurerà -in parte - il simbolo delle torri.

Il grande piatto è stato rinvenuto in una tomba di epoca romana durante gli scavi per la costruzione di box-garage di via Pontelungo ed è stato rinvenuto e "salvato" grazie ad un casuale quanto provvidenziale sopralluogo del sovrintendente archeologico Bruno Massabò. Lo scopritore - che è oggi considerato a buon titolo il "padre del piatto blu" - ha scritto due importanti ed libri per ampliare la conoscenza del prezioso oggetto.

Il piatto è di vetro color blu cobalto ed è stato eseguito con una tecnica molto raffinata - colato a stampo, molato e levigato al tornio su entrambe le facce - per l'epoca ed ha una meravigliosa trasparenza ed un diametro di 41,2 cm. Lo studio ha fatto risalire la sua creazione al secondo secolo dopo Cristo, e si pensa debba essere stato sicuramente di proprietà di un nobile o di una persona comunque facoltosa che lo ha probabilmente importato dall'oriente. Il disco incorniciato dell'anello del piede del piatto contiene una scena figurata con una coppia di putti bacchici danzanti. Dalla data del suo ritrovamento il piatto blu è stato esposto in molte città: a Genova nel 1999, ad Aquileia, a Milano, nel prestigioso Palazzo Altemps di Roma. A Vicenza è stato esposto come pezzo più pregiato nell'ambito della mostra "Arte paleocristiana fra Roma e Bisanzio"

Il "Piatto blu" farà bella mostra di sé in una mostra permanente allestita in uno degli antichi palazzi di Albenga (non è ancora stato deciso definitivamente, si pensa al Palazzo Oddo) insieme ad altri preziosi reperti in vetro trovati, nel corso degli anni, anche in altre tombe, lungo la via Iulia Augusta, facendo diventare così la città ingauna uno dei centri antichi più interessanti d'Italia e d'Europa.

tempo antico: osservando qualche traccia rimasta dei sentieri per capre usati dai carbonai di Aleramo si intravedono i mugnai del convento ed i conciatori del periodo comunale. Questi utilizzavano il Rio S. Anna per le loro attività: c'erano mulini, frantoio, conceria, un approdo marino e poi ancora ruderi delle prigioni romane e i ruderi del palazzo di giustizia medievale. Questa chiesetta è stata anche sede di diversi eremiti. La gente che viveva quassù in regione Monti era contenta della loro presenza; era un privilegio anche se diversi erano dei laici e non potevano dire messa. I romiti avevano pensato per tre secoli all'ordine ed alla pulizia degli ambienti e, nella chiesa, avevano tenuto accesa la lampada alimentata dall'olio dei terrazzati circostanti, cosi di notte, guardando la curva nera del Bignone, spesso minacciosa con i suoi nuvoloni neri, i pescatori sapevano che a mezza costa, in S. Anna, un uomo pregava al rosso fumigare di una debole luce di candela.

Ad Albenga è conservato il ritratto di Proculo. Egli ebbe fama di usurpatore e nacque ad Albingaunum. Le sue gesta storiche sono però oggetto di controversie. Gli ingauni combatterono i romani anche per mare in quanto erano anche ottimi navigatori e pirati, se le circostanze lo richiedevano.

Gli anziani di Alassio ricordano ancora Gianustin (Fra Gregorio Ferrari da Pantasina) che morì tra quelle mura alla rispettabile età di 88 anni. Fu l'ultimo esemplare dei romiti, tornato fra quei ruderi subito dopo i contadini con una presenza che ebbe valore di simbolo.

La costruzione venne poi acquistata da una società che

ALBENGA - La collina dove passa l'itinerario dell'antico percorso romano con sullo sfondo l'isola Gallinara.

ALBENGA - La collina dove passa l'itinerario dell'antico percorso romano ai piedi delle villette, e vicino all'imponente Casa-Fortezza della Colombera.

insieme all'area circostante, doveva farne un complesso residenziale e termale. Nei pressi sgorga un'ottima sorgente che, trasformandosi in torrentello, alimentava antichi molini più a valle, ma il progetto in seguito è stato bocciato ed i rovi hanno preso possesso delle pareti che si alzano dalla strada sottostante.

La costruzione risulta tuttora di proprietà privata, ma è ricaduta in deplorevole stato di abbandono con conseguente degrado. Unica nota positiva è che almeno le porte hanno dei solidi lucchetti con catene ad impedire ulteriori danni.

Il percorso passa accanto ad alcune belle villette e palazzine e comincia l'ultimo tratto in salita, con panorama sul porticciolo di Alassio, passa sotto l'Arco di Santa Croce e conduce alla chiesetta anch'essa di Santa Croce fondata nel XI secolo dai monaci benedettini dell'isola Gallinara che ne fecero una loro dipendenza. Nel passato servì anche come ricovero per i viandanti.

Qui finisce l'itinerario e si può sostare, scendendo in basso a sinistra, in un bel complesso di giardini pubblici pensili con gradini e dove i gabbiani si riposano, tra la pesca di un pesce e l'altro, nella staffetta con la Madonnina del porticciolo.

Nella piazzetta c'è la fermata del mezzo pubblico che porta ad Alassio. Un bel bar sotto la sede stradale permette una sosta con ampia vista panoramica sul golfo alassino e la Gallinara. La leggenda narra che Alassio risale al X secolo, e deriverebbe il suo nome da Adelasia, figlia dell'imperatore Ottone I.

La giovane, tipica bellezza nordica con occhi azzurri e capelli biondi, *le cui discendenti si videro poi arrivare con i voli charter negli anni 1960 e 1970*, amava uno scudiero.

Gli innamorati, osteggiati dal padre per questioni di rango, fuggirono in Liguria andando a vivere vicino ad Albenga dove vissero, lavorarono ed ebbero un figlio che chiamarono Aleramo. Egli divenne un valoroso generale che si distinse nel 955 nella battaglia del fiume Lech contro gli ungheresi (*storico Aleramo visse ai tempi di Ottone I, Lotario e Berengario II del quale sposò la figlia) Gerberga*). La leggenda narra che anni dopo giunse ad Albenga il vecchio imperatore e venne a sapere della figlia. Pensò di recarsi dal Vescovo per un consiglio e questi gli suggerì di perdonare la figlia. Così fu e Aleramo venne nominato anche marchese del Monferrato. Alla morte di Adelasia, la località assunse il suo nome.

ALBENGA - Un tratto con l'antico selciato formato da doppi strati, con pietre stondate per il deflusso dell'acqua e i bordi di contenimento che potevano servire come sedili per la sosta.

La realtà invece è un po' meno romantica ma comunque non certa. Alcuni storici asseriscono che Alassio fu fondata da alcuni Milanesi in fuga dall'invasione longobarda del VI-VII secolo. Altri narrano di profughi di Albenga scesi verso l'anno Mille al "Burgum Alaxii". Il nome appare dal 1098.

Anche Alassio fu nel XI secolo un Feudo dei potenti Benedettini della Gallinara. Divenne poi villa del Comune di Albenga nel 1303. Cominciò ad avere statuti propri all'inizio del XVI secolo e sviluppò la sua attività principale con la pesca. Alassio si fortificò contro i Saraceni e gli Albenganesi 1521 e venne definitivamente affrancata dalla più potente Repubblica di Genova nel 1540. Tutto l'itinerario è, lasciato, in alcuni punti, in uno stato di leggero degrado, ma la bellezza del paesaggio e la tranquillità del luogo ne compensano - in parte - i lati negativi.

ITINERARIO ALBENGA ALASSIO DAL MONTE BIGNONE

ALBENGA-ALASSIO Itinerario della VJA lungo il crinale al Monte Bignone ed al Monte Tirasso. Percorso e indicazioni ricavate da informazioni gentilmente fornite dall'amico Dino "della Via Iulia".

Accesso : Albenga è raggiungibile da Genova, Savona ed Imperia seguendo o l'autostrada A10 (uscita Albenga) o la statale n.1 Aurelia o la statale 582 Garessio Albenga per chi proviene dal Piemonte.

Lunghezza : 6..8 km circa a seconda se si raggiunge il monte Tirasso con il santuario della Guardia

Difficoltà : non particolarmente difficile ma adatto ad escursionisti allenati, non per semplici passeggiate

Tempo : 3/44 ore circa a passo normale, 5/6 se con soste per foto, osservazioni panorama, flora etc.

Dislivello : 510m (M. Bignone). Il punto di partenza di Albenga è a 10m s. l. m. Il M. Bignone di Alassio è a 520m s. l. m. ed il Monte Tirasso è poi a 586 m s. l. m.

Simbologia : Due barre rosse verticali

Anello ALBENGA-ALASSIO Questa variante, insieme all'itinerario, precedente permette di fare un anello che può partire sia da Albenga che da Alassio.

Andavamo passeggiando, un giorno di febbraio 2006, io e Rita lungo il percorso appena descritto quando, girata una curva nei pressi della chiesa di S. Anna, ci corre incontro festoso un bel cucciolo di Beagle. Il cagnolino stava facendo una bella passeggiata insieme alla mamma beagle ed un altro cane da caccia. Erano accompagnati da una signora che, appena incontrata, saluta un signore in arrivo in moto. Dopo vari saluti e carezze ai cani festosi, passo a chiedere se sanno dirmi qualcosa di questa antica via.

Fu così che conobbi Dino, abitante autentico e di antica data della via Iulia e che, con mia grande sorpresa mi spiega che io non sto passeggiando sulla "vera Via Iulia" ma che quella autentica passa sopra il crinale del monte sopra le nostre teste. Mi viene in mente quindi di aver percorso, alcuni anni fa, il sentiero in alto senza sapere della sua importanza.

In effetti sono "veri" entrambi i percorsi. Questa variante partiva da una biforcazione, all'inizio di Albenga e portava al Monte Bignone a 520m di altezza. Occorre quindi partire dalla chiesa di San Calocero e proseguendo sulla strada in salita si prende sulla sinistra l'inizio del tratto di Via Iulia descritto in precedenza. Dopo alcuni metri si prende la deviazione a destra in salita e si arriva sul curvone della strada asfaltata che si percorre per circa 200 m. Si prende il sentiero a destra che porta di nuovo tra la vegetazione e si attraversa la sterrata. Alla terza volta occorre prendere a destra proseguendo per 400m circa e quindi imboccare il sentiero in salita *(segnavia due bolli rossi in linea)*.

Si prosegue sulla costa nord ovest del monte Bignone, tra la macchia mediterranea, vedute sulla Gallinara. Si arriva poi a un pilone votivo nei pressi dei ruderi della Cà Bianca.

Dopo una breve sosta si prosegue e si arriva sulla vetta del monte Bignone (521m) con un vasto panorama su tutta la costa. Si continua nel tratto in discesa, superando i ruderi di una batteria bellica, un pilone votivo fino ad arrivare alla sella del monte Bignone (460m) nei pressi di un traliccio della linea elettrica.

Si prosegue e si arriva sul monte Vegliasco, con le antenne. Da qui si entra in un bosco, si passa a fianco di un'antica casella in pietra dei pastori e si prosegue arrivando al monte Tirasso con il bel Santuario della Madonna della Guardia (586m) con area picnic e panorama sulle valli dell'entroterra del torrente Lerrone. Da qui si scende quindi verso il mare seguendo la strada e poi una mulattiera arrivando a Solva, alla "Casa del Comandante" e ad un'area di sosta con fontana. Si prosegue poi su tratto cementato e asfaltato in discesa arrivando alla chiesa di S Croce con panorami sul mare e la Gallinara. Si può quindi percorrere la Via Iulia descritta in precedenza chiudendo unendo i percosi della via Iulia in un bell'anello panoramico. Alcune ricerche mi

ALASSIO LAIGUEGLIA - Panoramica sui monti dove passa la via Iulia Augusta

hanno confermato che per alcuni è proprio questo il "vero percorso" della Via Iulia. In ogni caso se è dubbia l'importanza dal punto di vista archeologico, lo è sicuramente dal punto di vista storico. Tito Livio scrisse della lunga guerra tra i Liguri ed i Romani iniziata nel 516 a. C. e conclusasi grazie a Paolo Emilio nel 180. I Liguri ed i Romani si fronteggiarono proprio su questi monti lungo il crinale di S. Martino su fino al M. Tirasso. I Romani fecero indietreggiare i Liguri fino alla piana di Andora dove in un'ultima battaglia morirono in 15.000 e 2.500 vennero fatti prigionieri. Qui sotto, nell'antico approdo ora scomparso per la costruzione del porto, avvenne anche una battaglia navale. I Romani fecero arrivare dalla Gallie la loro flotta e distrussero 32 navi dei Liguri. Raggiunta così, a grande prezzo per i Liguri, la "Pax Romana" sotto Augusto, gli Ingauni ottennero la cittadinanza romana nel 45 a. C. sotto Giulio Cesare. E' quindi ipotizzabile che questa fosse proprio la via percorsa, in quanto durante le loro guerre i Romani erano seguiti da un gran numero di carri ed animali con le vettovaglie e solo lungo questo crinale, largo e pianeggiante, avrebbero potuto passare agevolmente anche se con tratti più ripidi in salita.

L'itinerario è ormai poco più di un sentiero ed inizia prendendo il bivio sulla destra nei pressi dell'Abbazia di San Martino, a poche decine di metri dall'inizio del percorso classico. La torre di Vegliasco e quella del Tirasso furono erette per la vedetta contro le invasioni saracene che dalla zona di Frassineto si susseguivano con ritmo abbastanza frequente. Il ponente ligure contava un'ottantina di queste torri che di giorno si tenevano in contatto con segnalazioni tramite specchi e di notte con fuochi. In questa torre, come nella chiesetta di S. Anna, pregarono e vegliarono per molti anni i "romiti", addetti alla cura della chiesa. Gli ultimi furono Fra Tommaso Galleano e Fra Angelo Ferro nel 1772.

Itinerario Laigueglia Andora

LAIGUEGLIA - Il percorso della Via Iulia in una visione dall'alto elaborata parzialmente da dati gps sul tracciato della via romana percorribile e in parte da dati da informazioni storiche.

Accesso	:	Laigueglia è raggiungibile da Genova o Andora seguendo o l'autostrada A10 (uscita Albenga o Andora) o percorrendo la statale n.1 Aurelia o la statale 582 Garessio Albenga per chi proviene dal Piemonte.
Lunghezza	:	1,5 km circa
Difficoltà	:	T passeggiata in mezzo al verde con ampi panorami
Tempo	:	45/60 min. ore circa a passo normale, 2 se con soste per foto, osservazioni panorama, flora etc.
Dislivello	:	510m (M. Bignone). Il punto di partenza di Albenga è a 10m s. l. m. Il M. Bignone di Alassio è a 520m s. l. m. ed il Monte Tirasso è poi a 586 m s. l. m.
Simbologia	:	-

Non è rimasto molto dell'antico percorso romano inteso come resti visibili, ma il viaggio sulle alture di Laigueglia per fare il tratto della strada romana fino a Colla Micheri merita la visita. Il piccolo borgo immerso nella pace secolare degli ulivi è distante circa tre km, ed è ormai accertato che sia stata una tappa sull'antico tracciato essendo il passaggio obbligato tra Laigueglia e la Val Merula. Esso un posto di grande fascino ambientale e di suggestione per il panorama e le passeggiate nei dintorni.

LAIGUEGLIA - La collina dove passa l'itinerario dell'antico percorso romano

Questo percorso era anche lungo la Via dei Pellegrini e passarono in questa piccola frazione personaggi famosi antichi e moderni. La piccola chiesetta di San Sebastiano ricorda proprio con una lapide il passaggio nel 1814 di Papa Pio VII di ritorno dall'esilio francese.

Da qui si scende poi al Paraxo di Andora con il bel

ANDORA - La chiesa medievale del Paraxo.

complesso della chiesa e dei resti dell'antico castello.
Basti sapere, a merito del luogo, che il grande navigatore norvegese Thor Heyerdal ebbe a dire: "Ho girato i mari e percorso antiche rotte, ma quando ho deciso di scegliere un posto che fosse adatto alla concezione di bellezza della natura, ebbene in tutto il mondo voglio vivere in questo Luogo". E così fu. Comprò un vasto appezzamento di terra e vi costruì la sua casa. Oggi è ancora proprietà degli eredi che vi abitano.

COLLA MICHERI - Nei pressi della Via Iulia

THOR HEYERDAL

Thor Heyerdal era nato a Larvik, in Norvegia nel 1914. Poiché era un esperto antropologo ed un navigatore avventuroso fu definito l'ultimo esploratore dei nostri tempi. Viaggiò verso le più lontane isole come le Galapagos e l'Isola di Pasqua studiando le tradizioni locali e le culture dell'antichità. L'impresa più straordinaria, e che lo rese famoso, fu il viaggio effettuato in 101 giorni nel 1947 - insieme ad un equipaggio di cinque uomini - in una fedele replica di antica zattera incaica di balsa, che battezzò KonTiki, con la quale attraversò l'oceano Pacifico dalla costa peruviana alle isole Marchesi. Dimostrò così la possibilità che il popolo della Polinesia discendesse da quello del Sudamerica, e non dai popoli Asiatici come si era ritenuto fino ad allora. Da questo viaggio venne tratto un film che fu premiato con un Oscar, e un libro che diede popolarità in tutto il mondo. Dal 1957 portò a termine altre imprese - leggendario il viaggio fatto con una barca copia di una Sumerica del IV millennio A. C., nell'oceano Indiano, dallo Shattal-Arab all'Indo e dall'Indo al Corno d'Africa per seguire le rotte che potevano aver collegato le antiche civiltà dei grandi fiumi - che furono pensate, studiate e organizzate nella quiete di Colla Micheri, nucleo di origine romana e lungo la VJA. Qui Heyerdahl abitò per 30 anni con la famiglia e poteva capitare di incontrarlo a chiaccherare in semplicità con gli abitanti del borgo. Egli era un personaggio internazionale che aveva sfidato gli oceani e le tempeste alla ricerca di terre e civiltà perdute che ne aveva svelato molti segreti nelle più prestigiose accademie del mondo. Si è spento il 18 aprile 2002 dopo essere stato dimesso dall'ospedale S. Corona di Pietra Ligure. Aveva 87 anni.

Itinerario Sanremo

SANREMO - Chiesa di san Siro nei pressi della Via Iulia

La strada è oggi quasi scomparsa.

Oggi sono visitabili il sito archeologico della Villa romana della Foce, lungo un tratto dell'antica Via Iulia Augusta.

Attraverso le numerose testimonianze conservate nel territorio matuziano (da Anticamera Villa Matuciana forse da Mater Matuta), e secondo i ritrovamenti archeologici, la strada proseguiva, con andamento litoraneo, verso la villa che era probabilmente un'area di sosta per i viandanti, diretti ad Albintimilium.

Il percorso coincide con le moderne vie Palazzo e Corradi di Sanremo.

XX Miglia

VENTIMIGLIA - I resti dell'antico anfiteatro romano lungo il percorso della Via Iulia Augusta. Fu costruito in età medio-imperiale.

A Ventimiglia non esiste più il percorso originario ma è ben visibile l'interessante area dell'anfiteatro costruito quando la Ventimiglia romana, *Albium Intemelium*, era centro importante come *municipium*, uno dei più importanti siti urbani della Liguria di ponente in epoca imperiale e fu il principale centro costiero per la romanizzazione della Gallia meridionale.

L'apertura della Via Iulia Augusta fece diventare la "città degli Intemeli", di Albium Intemelium "città assai grande" (Strabone), la dorsale tra il Roja e il Nervia. L'"Oppidum" antico era ubicato ai piedi della colla Sgarba, presso la foce del Nervia *(a levante dell'attuale Ventimiglia)*. L'entroterra era ben difeso da un potente sistema di castellari, disposti lungo la dorsale tra il Roja e il Nervia. Questo sistema di difesa era stato costruito sopratutto per prevenire gli attacchi dei Liguri

VENTIMIGLIA - Panoramica della città e della costa francese, dove prosegue la Via Iulia, dall'Alta Via dei Monti Liguri

ed in funzione dissuasiva nei confronti dei coloni greci di Marsiglia sempre in cerca di espansione.

Dopo l'occupazione romana dell'intera costa ligure (180 a. C.), accanto all'abitato principale venne eretto un accampamento militare che a poco a poco si sviluppò in città romana. Arricchita di edifici pubblici *(il Teatro risalirebbe al sec II d. C.)*, accorciò il nome in Albintimilium che in seguito divenne poi Vintimilium.

La città è stata, negli anni passati, oggetto di numerose campagne di scavo condotte dal Lamboglia e dalla Pallarés. Qui è visibile anche una zona con le fondamenta ed alcuni resti di mura delle abitazioni vicine ed in alcune si sono ritrovati dei bellissimi ed interessanti mosaici indicandole quindi come abitazioni di pregio. E' stata recuperata anche una piccola parte dell'antico percorso con diversi tipi di antico lastricato.

L'area sorge proprio lungo la strada e se ne può avere una bella visione panoramica risalendo la prima tappa dell'Alta Via dei Monti Liguri che si diparte proprio sui monti alle sue spalle. L'antica *Albinitimilium* era un importante punto di sosta e si sviluppò ben presto come importante nodo di traffici e merci prima del proseguimento del viaggio e l'addentrarsi nelle terre delle Genti Galliche.

Questa importante città servì ai Romani come base per

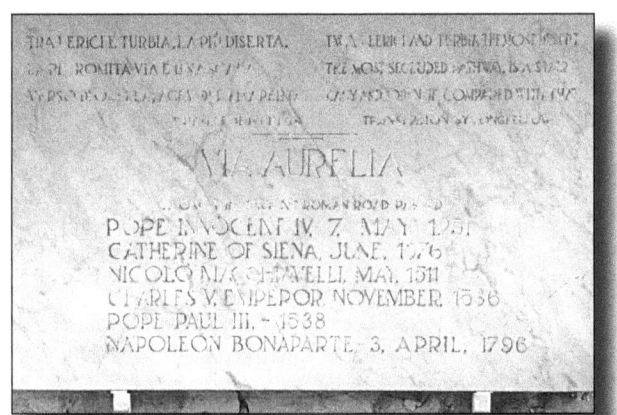

VENTIMIGLIA - La targa ricordo che indica il passaggio sulla Via Iulia Augusta, oggi Via Aurelia, di molti personaggi famosi tra i quali: Papa Innocenzo IV nel 1251, Caterina da Siena nel 1376, Nicolò Macchiavelli nel 1511, Napoleone Bonaparte nel 1796.

espandere la loro conquista anche verso il nord combattendo contro gli antichi abitanti del territorio, delle tribù dei Brigiani ricordati infatti nel trofeo della Turbia come popolo sottomesso da Augusto ai Romani. Ma alcuni autori, come il Lamboglia, affermano che i Brixentes o Brigantii o Brigiani erano stanziati molto più a Nord del bacino del Roia e quindi la conquista è ancora rivolta verso tribù di Liguri Montani che abitavano allora l'attuale zona di Briga e che vennero sottomessi ed aggregati alla civitas degli Intemelii.

Albintimilium fu anche un importante centro produttore di ceramica già nel I secolo a. C., come testimoniano numerosi scarti di fornace di ceramica a vernice nera recuperati durante diversi scavi, ma sembra che molti dei manufatti rinvenuti provenissero dalle Gallie e più precisamente dalla Provenza.

EDWARD BERRY

Il nipote di Clarence Bicknell fu un altro di quegli inglesi che contribuì alla conoscenza della storia Ligure di queste zone. Sto parlando di quell'Edward Berry qui venuto come agente di finanza e come vice-console britannico, e di sua moglie Margaret Berry, gli autori cioè del forse più famoso scritto dei tempi del "Gran Tour". Mi riferisco a quel "At the Western Gate of Italy" "Alla porta occidentale d'Italia" scritto percorrendo per anni la costa, annotando e scrivendo molte cose interessanti e uniche sulla Liguria d'Occidente che tanto fece conoscere ed amare ad intere generazioni di inglesi la nostra terra di Liguria. Essi ebbero anche il merito di raccogliere l'eredità dello zio, evitando così la dispersione di un'intera vita dedicata alla ricerca storica. Egli riuscì a rientrarne in possesso, costituendolo ente morale autonomo, unito alla Biblioteca Internazionale. Nel 1939 si organizzò nel Museo Bicknell un Convegno di studi di diverse nazioni che si richiamava al nome ed alla tradizione dei Liguri preromani e Romani come alla formula e all'auspicio più valido per affermare e studiare l'unità del substrato europeo occidentale in senso mediterraneo.

Lo studio degli antichi reperti romani di Ventimiglia

portò anche a qualche osservazione degli studiosi, non priva di polemica, nei confronti del Lamboglia. Infatti Giuseppe Lugli, teorizzatore e assertore del metodo di datazione dei monumenti basato sulle tecniche edilizie, ebbe a dire "Con due cocci fa la storia del monumento". Affermò che il teatro di Ventimiglia risale alla fine del I sec. d. C. o all'inizio del II sec. d. C. e non come dichiarato dal Lamboglia alla fine del II sec. d.C.-inizio III sec. d. C. La polemica è rimasta senza soluzione e ad oggi è rimasto

I CIPPI MILIARI

La chiesa di San Michele a Ventimiglia alta venne costruita nell'XI secolo in parte anche con materiali di recupero più antichi, ed infatti essa conserva tre pietre miliari provenienti dall'antica via Iulia Augusta. Da Albintimilium la via IA proseguiva nei pressi dell'odierna linea ferroviaria, attraversava il fiume Roja, risaliva la collina che vedrà negli anni successivi la nascita del borgo medievale, e scendeva poi verso la piana del torrente Latte. I cippi miliari erano le colonnine di pietra che venivano poste ai bordi delle strade ad indicare le miglia trascorse dall'inizio della strada e dalle città più vicine (il nome miliario deriva appunto dall'unità di misura all'epoca ed equivaleva a circa 1480 metri). I tre cippi conservati nella chiesa sono le testimonianze del passaggio della via Iulia Augusta in questa zona: due sono stati usati all'ingresso come acquasantiere, il terzo è utilizzato come colonna per reggere la volta della cripta. Il cippo più antico fu messo in opera durante la costruzione della via voluta appunto dall'imperatore Augusto tra il 13 e il 12 a.C., mentre gli altri due risalgono ai lavori della strada eseguiti sotto l'imperatore Caracalla in occasione del suo viaggio verso le Gallie nel 213 d.C.

VENTIMIGLIA - I resti dell'antico anfiteatro romano "inserito" nel contesto urbano moderno.

insoluto "il problema" dell'età del teatro romano di Ventimiglia.

Nonostante ciò, non diminuisce il valore del teatro romano la cui costruzione non era fine a se stessa, ma fruizione di una festa al cospetto del potere. L'edificio diventava il luogo di esibizione politica del prestigio di un imperatore o di un personaggio importante della città. Nell'area ad occidente sono state trovate delle sepolture, disposte in gruppi ed isolate, entro anfore ed in fosse rivestite da lastre litiche, il che fa pensare anche ad un uso funerario del teatro.

Uno studioso quale l'Aprosio ebbe a dire "Fuimus Troes, noi Ventimigliesi dispersi come i Troiani, cacciati dalla città romana, ora sepolta sotto la sabbia". L'Aprosio prese in prestito questo detto secondo l'antiquario siciliano Giovanni Ventimiglia dei conti di Gerace e di Isola Maggiore, che si era proposto di dimostrare che la sua casata era strettamente legata al ramo siciliano dei dispersi Conti di Ventimiglia ed aveva maturato l'ambizione di ricercare le sue origini nella storia e nei monumenti della Ventimiglia romana di cui aveva parlato lo stesso grande storico Tacito.

VENTIMIGLIA alta - Chiesa di San Michele, costruita nell'XI secolo anche con materiali di recupero più antichi. Essa contiene al suo interno tre pietre miliari originali della Via Iulia. I cippi miliari erano colonnine di pietra posizionate ai bordi delle strade, per indicare le miglia trascorse dall'inizio della strada e dalle città più vicine (da qui il nome miliario; un miglio misura 1480 metri). I tre cippi conservati nella chiesa sono testimonianze importanti del passaggio della via Iulia Augusta in questa zona: due sono stati usati all'ingresso come acquasantiere, come quello nella foto, il terzo è utilizzato come colonna per reggere la volta della cripta.

ITINERARIO DAI BALZI ROSSI A VILLA HANBURY

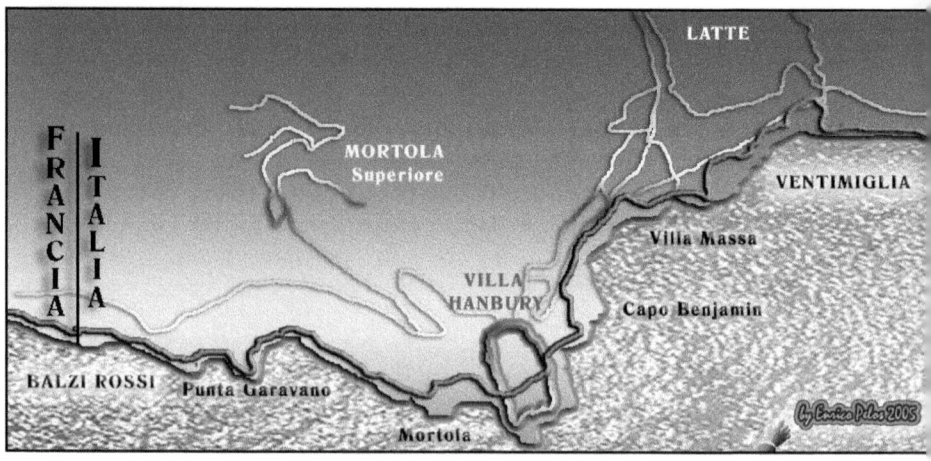

Cartina del percorso prima della Via Iulia: da XXmiglia ai Balzi Rossi

Accesso	:	Confine Italia Francia, posteggio nei pressi di Ponte San Ludovico o nelle are vicino ai Balzi Rossi.
Lunghezza	:	6 km circa
Difficoltà	:	non particolarmente difficile, ma usare qualche cautela nei pressi dei tratti su scogli in caso di mare agitato.
Tempo	:	2 ore circa a passo normale, 3/4 se con soste per foto, osservazioni panorama, flora visita ai Giardini Hanbury, etc.
Dislivello	:	25 m
Simbologia	:	-

Siamo ormai giunti vicini al confine della Liguria e dell'Italia con la Francia. Siamo a Ventimiglia dove è possibile percorrere uno dei più interessanti itinerari lungo il mare. Esso segue in diverse parti l'antico tracciato ed è percorribile come itinerario pedonale.

Appena passata la Roja, proseguendo lungo la Via Romana, nei pressi di una cappelletta si scavalca la ferrovia, un ponticello e poi ancora un altro ponte sul rio Latte; Si apre quindi un bel viale alberato che porta al mare. Si attraversa la foce del Latte, proseguendo sulla spiaggia di ciottoli. Ad un certo punto, nei pressi di un piccolo alberghetto, si diparte uno dei viottoli che portano alla Via Romana. Si può percorrere un tratto a piedi fino ad un'antica villa e qui il percorso inizia ad essere problematico dato che si rischia di entrare nelle proprietà

BALZI ROSSI - La Via Iulia è arrivata al confine con la Gallia. Oltre il gruppo di case, poche decine di metri più in la, si trova il confine. Poco prima, è situato l'ingresso della parte moderna del museo.

private delle ville circostanti. Il parcheggio potrebbe essere problematico nella stagione estiva per cui consiglio di usare un mezzo pubblico, e di scendere alla fermata denominata appunto "Via Romana". Si può percorrere in qualsiasi stagione dell'anno, evitando le giornate troppo ventose o con il mare in burrasca. L'itinerario ha un leggero dislivello sui 300 m, con qualche arrampicata sugli scogli ed è della durata di andata e ritorno di circa 3/4 ore a seconda del vostro grado di allenamento. L'itinerario comincia in prossimità della fermata del bus a lato dell'Aurelia e si abbassa fiancheggiando l'ingresso di una villa-residence. Nello slargo successivo comincia un sentiero a sinistra tra un muro e una recinzione che passa sotto la ferrovia e arriva al mare. Camminando sul bagnasciuga, per un lungo tratto verso est a fianco del muro di una villa, si prosegue fino al muraglione della ferrovia. A seconda della marea occorrerà togliersi le scarpe per non correre il rischio di bagnarsi. Si gira quindi a sinistra e si risale lungo i binari costeggiando la ferrovia arrivando ad una scalinata che riporta sulla via Aurelia attraverso un

I GIARDINI HANBURY

Sir Thomas Hanbury è il creatore col fratello Daniel dei celebri Giardini della Mòrtola e nel 1867 fissò la sua residenza in questa parte di Liguria lasciando una traccia incancellabile nel campo della scienza botanica e dell'architettura di paesaggio.

BALZI ROSSI - Una parte dell'impressionante falesia che contiene le caverne e la parte del museo antico.

cancello che occorrerà richiudere. Si prosegue quindi tra vari saliscendi fino ad arrivare a Capo Mortola, meta di una bella digressione. Procedendo invece diritto si segue il tracciato della Via Iulia Augusta che procede, come in una trincea, fra due alti muri; si passa sotto un ponticello che collega le due parti dei Giardini Hanbury divise dalla via romana. Fermatevi un poco per leggere il marmo con la descrizione del passaggio di antichi personaggi famosi. La salita continua in una pineta con ampi panorami sul mare. Proseguendo si raggiunge uno sperone panoramico sul mare. Occorre quindi costeggiare la roccia fino ad arrivare ad una bella caletta di ciottoli per poi allargarsi in una spiaggia con ristorante e alcune casette di pescatori. Si prosegue per un tratto che a volte può essere scivoloso, prestate quindi attenzione; arrivando alla panoramica Punta Garavana e percorrendo quindi un ultimo tratto, si arriva alle spettacolari pareti dei Balzi Rossi. Il Museo archeologico è ormai vicino e percorrendo un tratto asfaltato si arriva al piazzale della dogana.

I Giardini Hanbury sono uno dei parchi più belli d'Europa. Il loro fascino ha colpito generazioni di scrittori. Nico Orengo ha ambientato qui diversi romanzi.

Ma egli abitava in una casetta poco lontano e che guarda il mare: non avrebbe potuto fare altrimenti.. Camillo Sbarbaro era rimasto colpito in modo particolare dal profumo che arrivava dalla costa della Francia. Francesco Biamonti era originario di un paese poco distante e diversi suoi personaggi "passano il confine" in mezzo a questi paesaggi nei suoi romanzi

Se vi ci recate in una giornata particolarmente soleggiata e con il cielo terso dei mesi di maggio o settembre, alla fine della vostra camminata sulla via Iulia ed all'interno dei giardini, potrete farvi prendere dal dubbio che mi è venuto girando per i viali e le piante dai mille colori: forse il paradiso terrestre è fatto proprio così.

In questa estremità di Liguria, prima del capo Mortola dei Giardini Hanbury, si stende la Piana di Latte con il paesino omonimo dove, nella Villa Honest dove nacque il famoso scrittore Nico Orengo. Nella Piana di Latte, dell'attuale statale n. 1, l'Aurelia è comunemente chiamata "Strada Romana Antica" ed i resti archeologici qui conservati sono la testimonianza del tracciato della Via Iulia Augusta che attraversava la bella pianura del torrente Latte, qui dove dalla Porta Canarda l'antica Via Iulia Augusta continuava il proprio percorso a mezza costa, passando nei pressi del luogo dove, secoli dopo (XIII sec), venne costruita questa maestosa porta, ultima fortificazione della città verso occidente dopo la conquista genovese.

Nei pressi dell'odierna Villa Eva recenti indagini archeologiche hanno individuato i resti di una antica villa di epoca romana affacciata sul mare che rafforza l'ipotesi di un insediamento costiero a ovest di Ventimiglia.

SIR C. BRICKNELL

Nel 1883 arrivò ai Giardini Hanbury un altro botanico che era anche un pastore anglicano, Clarence Bicknell, nato nei pressi di Londra nel 1842. A quell'epoca la Via Romana si stava popolando di ville inglesi, e Bicknell, con lungimirante eclettismo, passava dalla botanica alla preistoria. Fu lui a scoprire le incisioni rupestri del Monte Bego, dove scoprì la preistoria dei Liguri, e fu sempre lui che raccolse, salvandoli dalla probabile scomparsa, non pochi materiali provenienti dagli scavi della Ventimiglia romana. La sua casa - dal 1888 al 1918 era un caso unico di museo privato a totale disposizione del pubblico e dava ospitalità ai molti studiosi ma anche ad appassionati delle arti. Un giorno, di ritorno dai suoi monti con una bella cesta di funghi, si sentì male. Purtroppo anche un esperto come lui era stato tratto in inganno: erano velenosi e dopo poco morì, nella terra d'Italia che ormai, comunque, considerava la sua seconda Patria.

Si tratta di una struttura di forma allungata, suddivisa in due ambienti, con murature realizzate in ciottoli di grandi dimensioni. La costruzione in riva del mare fa pensare ad una residenza provvista di un proprio approdo, o ad un luogo di sosta per i viaggiatori che lungo la Via Iulia Augusta si recavano in Gallia.

Qui, a Mortola inferiore, l'Aurelia è sovrastata dall'abitato di Grimaldi che deve il nome all'antica famiglia genovese fondatrice della dinastia del Principato di Monaco. Da Mortola inferiore si può quindi arrivare dopo circa 8 km al valico di confine italo-francese di Ponte San Luigi all'altezza di 46 m. s.l.m. Questo valico venne fatto costruire da Napoleone sopra una profonda gola, oggi facente parte del vecchio tracciato dell'Aurelia.

ROMA - Statua dedicata a Cesare *(5/2010)*

Proseguendo invece lungo la costa, a pochi chilometri da Sanremo e Bordighera, fra Ventimiglia e il confine con la Francia, avanzando verso il fiume Var, l'antico uomo preistorico di CroMagnon abitava in grandi caverne in falesie che si trovavano sulla riva al mare.

Proprio qui, lungo il tracciato della linea di costa, è percorribile un tratto della VIA che in alcuni punti è stata addirittura scavato nella roccia, come testimonia la parte ancora conservata dell'area e visibile a valle della ferrovia, di fronte alla Grotta del Principe. Ed è proprio qui che sono state trovate le uniche incisioni rupestri di età paleolitica nell'Italia settentrionale e centrale: eseguite sulle pareti di grandi grotte fra le spiagge di Ventimiglia e Mentone, presso il suggestivo promontorio dei Balzi Rossi.

Presso una delle caverne: la Barma Grande si trova il "Museo Preistorico dei Balzi Rossi" (tel. 0184-38113, chiuso il lunedì) fondato nel 1898 da Sir Thomas Hanbury e l'attuale allestimento, completato nel 1994, mostra anche un frammento di Hippopotamus Speleus che abitava la zona in tempi remoti. Siamo in presenza di uno dei maggiori siti preistorici d'Europa, e la sua importanza è data proprio dal fatto che qui si conservano ancora bene le tracce dell'antica via romana che portava in Gallia: una continuità eccezionale in un sito eccezionale. La costruzione ed il percorso di visita si raggiungono a pochi metri del confine con la Francia, svoltando sulla sinistra. Qui è possibile non solo ammirare i segni lasciati dall'antico "uomo di CroMagnon" ma respirare anche l'aria che i primi abitanti di queste caverne godevano proprio a ridosso del mare..

I Balzi Rossi devono il loro nome al colore della parete rocciosa su cui si aprono. L'intero monte è composto da grotte e ripari ed all'interno si sono accumulati nel corso dei millenni resti faunistici e strumenti in pietra scheggiata lasciati dall'uomo preistorico in un periodo databile tra il Paleolitico Inferiore (circa 250.000 anni fa) e il Paleolitico Superiore (da 35.000 a 10.000 anni fa). Molti dei reperti del museo appartengono a questo ultimo periodo. Tra questi si possono vedere: sepolture, sculture in pietra, incisioni parietali ed utensili di uso quotidiano quotidiana, come lame e punte di freccia.

Il museo si trova ai piedi di un frammento di costa molto bello, situato tra scogliera, spiaggia di ciottoli, e un'impressionate parete rossatra. I locali furono danneggiati a seguito degli eventi bellici della Seconda Guerra Mondiale e venne riaperto nel 1955. Vennero effettuati ulteriori lavori di restauro nel 1994 e quindi fu aperto definitivamente al pubblico che può oggi visitarlo tutti i giorni tranne il lunedì..
Siamo all'estremo ponente della Liguria e la zona delle caverne offre angoli suggestivi, poco frequentati dal turismo di massa, come la spiaggia sabbiosa delle calandre che si può raggiungere percorrendo a piedi un sentiero ben segnalato. Molti altri interessanti scorci paesaggistici si possono ammirare lungo il percorso, che hanno ispirato pittori ed artisti nel corso dei secoli.

Dopo la Via Iulia Augusta: Confine italiano - Arles

ARLES - Una visione notturna della Arène di Arles, l'anfiteatro costruito dai Romani all fine del I secolo d.C. (*(10 Luglio 1990)*

Passato il confine occorre proseguire fino a La Turbie, l'antica Turris Viaea - la Torre Viaria - per avere une delle grandi testimonianze del passaggio dei romani in Francia.

Proseguendo per la strada litoranea, si entra in Costa Azzurra (Cote d'Azur) e si arriva dopo circa 11 km a Mentone. La parte vecchia è d'aspetto ligure ed uscendo dall'abitato occorre proseguire oltre abbandonando la strada N7 (detta Moyenne Corniche). Si continua a salire lungo la strada D 2564 (Grande Corniche), con una bella veduta su tutta la costa da Bordighera a Cap Ferrat. Al Km 25 a 495 m s.l.m. si arriva a la Turbie. Questo piccolo borgo d'altura, l'antico Alpis Summa, è celebre per il "TROFEO di AUGUSTO" o Trophaeum Augusti o Trophee des Alpes che si erge al centro dell'abitato. Il posto non fu scelto a caso, essendo questo il punto storico di incontro tra Liguria e Provenza e tra il Tratto della VIA che da Genova portava a Nikaia l'odierna Nizza. Il monumento appare imponente: alto 40 m, a pianta quadrata e comprende un basamento sormontato dalla torre circolare con colonnato sovrastata dalla cupola sulla cui sommità venne posata la statua di Augusto. L'arco fu eretto tra il 7 e il 6 a. C. a La Turbie a perenne ricordo della vittoria militare romana (conclusa nel 14 a. C. nelle Alpi Marittime) su tutte le genti alpine che combattute e vinte dall'Adriatico al Tirreno.

Siamo nella bella e pittoresca Provenza e questo villaggio merita

PROVENZA - Nei pressi della Via Iulia si possono ammirare gli splendidi campi di lavanda della Provenza.

la sosta con visita per i molti negozi tipici ma anche per le antiche testimonianze medievali e romane: mura difensive del 12° e 13° a testimonianza dell'importanza del suo passato e risalenti fino agli insediamenti pre-romani dei Celto-Liguri. Questo era il punto più alto della Via Iulia Augusta: venne chiamato Summa Alpe (la sommità Alpina) e quindi il punto ideale per costruire un monumento alla memoria un Trofeo celebrativo della grandezza di Augusto. Bisogna dire che il progetto ha raggiunto lo scopo se ancora oggi attira i visitatori per il fascino ed interesse storico.

Il monumento - che è stato, nel corso dei secoli, parzialmente distrutto da vari eventi militari e dal saccheggio

BALZI ROSSI - La VIA proseguiva sull'odierno percorso della ferrovia e sotto le grotte con i segni lasciati dall'antico "uomo di CroMagnon" e dai primi abitanti di queste caverne che erano un tempo proprio a ridosso del mare. *(16 Luglio 2014)*

LA TURBIE - Il "TROFEO di AUGUSTO eretto tra il 7 e il 6 a.C. a La Turbie a perenne ricordo della vittoria militare romana (conclusa nel 14 a. C. nelle Alpi Marittime) su tutte le genti alpine che combattute e vinte dall'Adriatico al Tirreno. E' situato a 480m s.l.m. *(16 Luglio 2014)*

PROVENZA - Uno degli esempi degli antichi Archi di Trionfo nei pressi delle terre dipinte da Vincent Van Gogh.*(14 Luglio 1996)*

di molti materiali - rappresenta tutt'oggi una testimonianza di eccezionale valore ed interesse storico ed architettonico. L'antica grandiosa epigrafe è stata restaurata e sul lato a Nord cita tutti i popoli, 45, delle Alpi, da oriente a occidente, secondo l'andamento temporale delle campagna militare di conquista, ed è un documento di grande importanza per lo studio dell'antica etnografia delle genti alpine. Il monumento sancirà la definiva sottomissione delle popolazioni alpine ed in particolare di quei Ligures montani che dell'identità alpina avevano fatto una ragione d'essere. L'elenco completo delle tribù alpine - e liguri in particolare - fa ancora oggi mostra di sé sul monumento augusteo nel territorio che fu proprio dei Liguri Intemeli.

I NIDI D'AQUILA

Molti, in quest'area, i paesini tipici e pittoreschi. In particolare, andando verso i piccoli paesi di montagna si trovano posti come come Eze, simili a inaccessibili nidi d'aquila, arroccati a strapiombo sul Principato di Monaco e sulle città del litorale.

Questo tratto prese poi il nome di Via Aurelia dal regno di Aurelio tra il 161 ed il 180.

Nel Medioevo arrivarono nel 1215 i genovesi in perenne lotta con Monaco per la conquista di questi territori. Esso passò poi ai Savoia che lo ridiedero nel 1419 ai genovesi. Monaco ne riprese il controllo fino al 1713.

PROVENZA - Un'altra veduta degli antichi Archi di Trionfo nei pressi delle terre dipinte da Vincent Van Gogh. *((14 Luglio 1996)*

Nel 1860 la Contea di Nizza e Savoia passò alla Francia.

A Nîmes (Colonia Augusta Nemausensis), l'Aurelia si univa alla via Domizia, l'antica via costruita in Gallia dai Romani, che andava dal Rodano ai Pirenei ed era lunga circa 200 km. Nel 13 a. C. Augusto volle prolungare la strada, via Æmilia, fino a Nizza, Frejus (l'antica Forum Iulii), Tolone e Marsiglia arrivando ad Arles, e rinominandola Via Iulia Augusta da Vada Sabatia, portando così la lunghezza totale del sistema Aurelia-Æmilia-Augusta a 962 km.

La costruzione della via Iulia Augusta favorì la nascita e lo sviluppo di molte città tra le quali Cemenelum (Nizza), Avenio (Avignone), Nemausus (Nîmes) e molti monumenti sono rimasti fino ai giorni nostri a come le arene di Arles e Nimes, e l'impressionante architettura del Pont-du-Gard.

In una tiepida mattinata dell'80 dopo Cristo, l'architetto Marius Servanius arringava la sua squadra armata di Arles - *stava edificando l'antica città di Arelate* - e le squadre di tecnici e costruttori. Questi provenivano da Puteoli

IL MURO DEI GENOVESI

Ad Aigues-Mortes il sito venne ampliato da Filippo III l'Ardito e Filippo il Bello, che fecero innalzare la cinta muraria dando l'incarico ai costruttori genovesi Guglielmo Boccanegra e Nicola Cominelli tra il 1272 e il 1300.

(Pozzuoli) luogo d'origine anche della pozzolana utilizzata per le costruzioni della vicina splendida, selvaggia e soleggiata Camargue, lungo il delta del Rodano. Essa raggiunse grande prosperità proprio durante l'epoca dell'impero romano d'Occidente e, dopo la sua caduta che avvenne nel 476, subì vari assedi. Fu saccheggiata dai Visigoti nel VII secolo, invasa quindi dagli Ostrogoti, poi dai Franchi ed infine dai musulmani nell'VIII secolo. Nel 933 divenne la capitale del regno omonimo, noto un tempo come regno di Borgogna.

Tra le numerose testimonianze architettoniche che narrano la storia romana sono notevoli i resti dell'anfiteatro romano che riusciva ad ospitare fino a 26.000 spettatori.
La forma è ellittica con al centro un'arena per i combattimenti dei gladiatori e degli animali. Salendo sulla cima della costruzione si gode una vasta panoramica della città.

Costantino imperatore fece costruire in questa città, nel IV secolo, un palazzo per sé e la sua corte. Oggi rimangono solo le terme a testimonianza di questa residenza reale, ma esse si sono conservate ottimamente. Molti scavi tutt'intorno alla città hanno portato alla luce i resti di un teatro romano con inestimabili capolavori tra i quali la statua della famosa "Venere di Arles" oggi ospitata al Louvre di Parigi. Molte delle mura della parte vecchia della città risalgono parzialmente all'epoca romana.

Il più famoso cittadino di Arles fu Vincent Van Gogh

PROVENZA - Il paesaggio arso dal sole con gli olivi dipinti dal famoso pittore olandese Van Gogh. (*(14 Luglio 1996)*

che si trasferì qui da Parigi nel 1888.

Il paesaggio provenzale gli ispirò molte opere e l'artista fu affascinato dalle antiche bellezze naturali, dall'impagabile luce e dalla gente del luogo trasferendo nella sua pittura all'aria aperta folgoranti paesaggi e cieli stellati. Altre vestigia romane si incontrano anche, proseguendo oltre, nella splendida terra d'ocra di Roussillon.

In questo paesaggio, dove camminare può significare riconoscere ad ogni passo la corrispondenza che esiste tra la terra e il mondo poetico interiore, camminavano le legioni romane; ma esse travolte come erano dagli eventi bellici delle conquiste, non avevano certo il tempo di apprezzarne la bellezza.

La Battaglia di Aquae Sextiae dal monte Saint Victoire caro a Petrarca

Nel 102 a.C ad Aquae Sextiae (Aix-en-Provence) fu combattuta e vinta una grande battaglia dall'esercito romano comandato da Gaio Mario, contro le popolazioni dei Teutoni e degli Ambroni.

I Romani, abili militari e strateghi, occuparono una posizione favorevole e Mario scelse con cura una collina per provocare i Teutoni usando cavalleria e fanteria, formata in gran parte da Liguri divenuti alleati.

Mario occupò una posizione particolarmente favorevole su una collina che aveva scelto con cura, e da lì provocò i Teutoni ad attaccarlo usando la cavalleria e la fanteria leggera, costituita in buona parte da Liguri, alleati dei Romani. Gli Ambroni, alleati dei Germani, attaccarono le posizioni romane seguiti dai loro alleati.

Mario aveva però provveduto in precedenza ad inviare, senza farsi notare, 3000 uomini alle spalle dei Teutoni. Durante la battaglia fu questo contingente ad attaccare alle spalle i nemici, costringendoli alla fuga. I Romani narrano nelle cronache che furono uccisi circa 90.000 Teutoni e 20.000 furono fatti prigionieri, compreso il loro re Teutobod.

PROVENZA - Il paesaggio aspro che accolse i romani nella loo avanzata verso le Gallie. *((14 Agosto 2006)*

Itinerario Gastronomico lungo la Via Iulia

Colazione tipica ligure a base di focaccia

Alcuni degli itinerari descritti richiedono alcune ore e pertanto è consigliabile pensare anche ad un adeguato "rifornimento gastronomico" prima di iniziare uno dei percorsi. In alternativa potete pensare di effettuare una sosta presso alcune strutture che si possono incontrare lungo il tragitto.

Poiché gli itinerari sono comunque vicini a strade o località dove poter acquistare prodotti o sostare per un pasto, fornisco, di seguito, delle indicazioni concernenti prodotti tipici delle zone attraversate da comprare e gustare.

FOCACCIA

E' forse l'alimento principe per chi ama le scampagnate o le gite non molto impegnative.
La focaccia si trova quasi ovunque, bar, forni,

panetteria, supermarket (anche se qui spesso sono solo delle imitazioni che di focaccia hanno ben poco e sono degli spessi strati di mollica) etc. "La "fugassa (famosissima quella "all'olio" di Voltri, un quartiere di Genova o quella "al formaggio" di Recco che la sua fama alla mitica Manuelina, padrona del noto ristorante che dal dopoguerra in poi ha sfamato genuinamente intere generazioni di turisti ma che sono fuori della Via Iulia) è apprezzatissima e conosciuta, e viene consumata in tutti i diversi momenti della giornata: colazione, pranzo e merenda.

Fu talmente in uso nel passato che, come ricorda Franco Accame nella sua "Mandilli de saea" guida gastronomica di Liguria, la si mangiava addirittura in chiesa soprattutto durante i matrimoni, i battesimi, ecc. Un'usanza che si mantenne fino al 1500 circa quando qualcuno prese a consumare la focaccia anche durante cerimonie meno allegre e sotto la minaccia di scomunica nessuno si permise di portare in chiesa la "fugassa".

La variante della Fugassa con il formaggio trarrebbe le sue origini dall'Entroterra dai borghi di montagna dove c'era abbondanza di farina di frumento e di latte per produrre i formaggi.

Una variante, che si trova spesso, è quella con le cipolla ("co-a ciòula") che sembra fosse molto utilizzata soprattutto per l'antica gelosia di mogli e fidanzate che davano ai propri uomini imbarcati sulle navi in giro per il mondo: consumare una pietanza dal sapore così intenso e prolungato non avrebbe di certo facilitato possibili incontri amorosi nelle terre al di là del mare.
Ricordate che la focaccia affatica non poco la camminata: se una striscia può servire come primo carburante, energetico lasciate i vari etti (magari bevuti con vino bianco che la accompagna molto bene) alla fine della gita, altrimenti sarà poi difficile proseguire con scioltezza.

FARINATA

La farinata, "fainà" in ligure, è un alimento semplice, sano e molto gustoso ed è una specialità che appartiene soprattutto al levante. E' un vero e proprio capolavoro gastronomico prodotto con pochi e semplici elementi: acqua, sale e la quasi introvabile farina di ceci, un tempo assai diffusa.. Non ha sostanzialmente molte varianti ed è pressoché uguale in tutte le zone a parte alcune differenze di gusti dovuti a diverse farine o tipologia di acque, oli ed locali. Sembra che la prima citazione concernente la farinata compaia in documenti databili al 1312 ma la sua invenzione sarebbe proprio di epoca romana.

I Romani preparavano già la scripilita *(la moderna farinata)* con un impasto fatto con farina, olio, acqua e sale, inventato da alcuni legionari durante un assedio e la leggenda narra che i soldati usassero gli scudi per la cottura che da allora conservò la forma rettangolare.

Cotta in grandi tegami di ferro e tagliata a striscioline la si può gustare con un aperitivo o sorseggiando del buon vino bianco.

PANISSA

Presente in tutta la Liguria ma diffusa molto nel Ponente è la panissa, preparata con la farina di
ceci. Richiede una maggiore cottura e una lunga opera di mescolamento. Spesso viene servita tagliata a strisce e fritta nell'olio.

CUCULLI

Rimanendo in tema di cucina povera non potremo fare a mano di assaggiare i cuculli (frittelline salate che gettate nell'olio bollente si gonfiano e vengono poi condite con fogliolina di maggiorana) e i friscieu, ovvero quelle buone frittelle di pastella fritte nell'olio di volta in volta fatte con verdure, pesciolini, erbette, ecc.

SARDENAIRA

Proseguendo a Ponente incontriamo poi la Sardenaira o Pizza all'Andrea, versione ligure della pizza napoletana simile dalla focaccia. La superficie viene ricoperta con altri ingredienti come ad esempio acciughe unite a pomodoro, cipolla, aglio, olive nere, basilico ed origano si ricopre la superficie. Nella zona di Sanremo la Sardenaira è stata chiamata "all'Andrea" in onore di Andrea Doria, l'illustre ammiraglio di Genova.

I Vini della Via Iulia

ALBENGA - Una veduta sui vigneti del Pigato dell'Albenganese.

La Via Iulia Augusta attraversa il Ponente Ligure. Qui il territorio ha caratteristiche tali - sale in poche decine di minuti dal mare al monte - da non poter favorire una grande produzione di vino. Tuttavia si producono alcune qualità molto apprezzate che si possono gustare in molte delle cantine, alcune delle quali proprio sull'itinerario a piedi o in macchina della VJA. Le descrizioni sono messe in ordine secondo l'itinerario da Vada Sabatia verso Ventimiglia.

GRANACCIA

Nel tratto iniziale, quello savonese e finalese, è possibile trovare in molte zone un vino poco conosciuto: la Granaccia. Questo vino è noto nel mondo con il nome spagnolo di Alicante e in Spagna dà origine ai grandi vini Rioja rossi. Non è un caso. Infatti il vitigno fu qui introdotto intorno al XVIII secolo, soprattutto nella valle di Quiliano, da famiglie della zona che avevano scambi commerciali con la Spagna. È diffuso anche nell'area della val Ponci ed in altre zone del finalese.

La Granaccia è un vino dal colore rosso intenso tendente al rubino carico dopo 3-4 anni di invecchiamento.

89

BUZZETTO o LUMASSINA

Questo è un altro vino poco conosciuto - a livello nazionale - che si produce prevalentemente nella zona di Quiliano ed in alcune zone del finalese.
La sua origine sembra documentata e risalente al 1200. Già in quell'epoca la sua produzione costituiva una delle voci principali dell'economia locale.
I Marchesi Del Carretto lo consideravano "Vino di gran pregio" ed avevano permesso ai contadini più poveri di pagare le tasse in botti di questo nettare.
Essa assume diversi nomi locali a seconda della zona di produzione: si chiama Buzzetto o Lumassina a Quiliano, Mataosso a Noli e Varigotti, Uga Matta a Spotorno e Garella nelle colline intorno a Savona
Il nome lumassina deriva dal fatto che la tradizione lo fa risalire alla vecchia usanza di berlo mangiando un piatto di lumache che nella zona sono chiamate "lumasse". Il Buzzetto è un vino bianco e secco dal gusto asprigno. Il suo nome sembrerebbe indicare proprio questa origine infatti "buzzo" vuol dire acerbo.

VERMENTINO

È un vino bianco, delicato e fruttato che accompagna gradevolmente i vari piatti a base di pesce.

PASSITO

È un vino dolce usato alla fine del pasto e che è usato per accompagnare dolci o formaggi di gusto forte provenienti dall'Entroterra.

PIGATO

È probabilmente il vino più conosciuto ed apprezzato del Ponente Ligure. Nasce da vite coltivata su terreni aridi e sassosi, a poca distanza dal mare ed è caratterizzato dal colore paglierino dorato, con profumo fruttato di lieve ginestra che offre al palato, gustato a bassa temperatura, una sensazione di freschezza. Nella Frazione di Campochiesa e di Salea, alle spalle della Via Iulia, vengono prodotte alcune delle varietà più pregiate ed a Salea viene tenuta ogni anno la Sagra dedicata a questo vino con l'esposizione e l'assaggio di molte varietà.

VIA IULIA
22/mar/2007

Cammino
    vicino ai tuoi monumenti

e penso agli uomini che ti hanno costruito
che qui hanno camminato
che qui hanno combattuto
e che qui hanno costruito abusivamente.

Un passato lontano
pieno di fascino
ma ormai nell'oblio

I tuoi ponti
le tue chiesette
sono nella penombra di questa sera
sferzate dal venti gelidi del nord.

Appena sotto
il mare
Poco lontano
l'isola della Gallinara
narrano di storie antiche
di leggende un poco vere
di uomini e di donne
che hanno fatto la storia
piccola e grande
    di questa Liguria

ALBENGA - Le antiche rovine romane di San Clemente trovate lungo le sponde del Centa.

BIBLIOGRAFIA

Amelia ANGELONI, "Sulla rotta dei mercanti genovesi", "La Casana" 3 1983, trim. Ca.Ri.Ge.
Diana ARECCO e Stefano Tarantino "Il Finalese", Genova-Recco: Le Mani - Microarts, 1995
Italo CALVINO "Savona storia e natura" da "Da Laigueglia a Genova", Regione Liguria
Ippolito Edmondo FERRARIO "Liguria tra storia e leggenda", De Ferrari ed. Genova
Giorgio CASANOVA e Michele PICCO "Valli di Finale", a cura di Giovanni Meriana, Genova: Sagep , 1994
Ferdinanda FANTINI e Giancarlo ASCOLI " Passeggiate a Ponente", Edizioni Blu, Torino, 2007
Pio GENTILE "Roma in Gallia", in Francia,"s.l.","s.d."
Michael GRANT "Il declino dell'Impero Romano"
Renato GRATTAROLA "Alta Via dei Monti Liguri", Fotografie di Enrico Pelos e Rodolfo Predieri, ed. Genova: Union Camere Liguri/Ass. AVML e Az. Lito Genovese, 1999
Orlando GROSSO, "Genova e la Riviera Ligure", Roma: La libreria dello Stato, 1951
Nino LAMBOGLIA, "Albenga romana e medievale", Itinerari liguri, Ist. Intern. di Studi Liguri, 1986
Nino LAMBOGLIA, "Dal Museo Bicknell all'Istituto di Studi Liguri"
Nino LAMBOGLIA, "Liguria", "s.l.","s.d."
Nino LAMBOGLIA, "Ventimiglia Romana", "s.l.","s.d."
Padre LIETTI, "Là dove sorge Alassio", "s.l.","s.d."
Franco MICHELI, "La Provenza", "s.l.","s.d."
Teofilo OSSIAN DE NEGRI, "Storia di Genova", Giunti Martello editore, Firenze, 1999
Enrico PELOS, "Passeggiate a Levante", Edizioni Blu, Torino, 2011
Robert F. PENNEL, "Ancient Rome, down to 476 a.d.", edited by Candida Martinelli,"s.l.","s.d."
Maria L. V. RONCO, "La Liguria degli Alinari", "La Casana" 1 1978, Speciale 20°, trim. Ca.Ri.Ge.
Lorenza RUSSO "Finalese", Torino: Cda Vivalda ed., 2003

Sono state consultate inoltre le seguenti guide:
"Liguria Guida d'Italia", Touring club Italiano Mondadori Panorama, 2007
"Provenza Costa Azzurra - Baedeker", De agostini, Novara, 1991
"Provenza e Costa Azzurra", Le guide Peugeot, A. Mondadori ed. 1996
"Francia", Guida Touring club italiano

Sono stati consultati articoli dai seguenti giornali e periodici:
Fabrizio CALZIA "Sui ponti dell'autostrada Iulia Augusta", 29 Giugno 2000, Genova, Secolo XIX
Stani GIAMMARINO "Giardini botanici di Hanbury", Genova, dic. 2005, Scelta n 2, Genova, ed. socrem
Laura GUGLIELMI "La Liguria che si confonde con la Francia", Genova, 30 dic. 2005, Secolo XIX
"Balzi Rossi", "s.a.", giugno1998, ALP 158
Victor BALESTRERI "Finalese", La Casana, Genova Nr. 1 1986

Sono stati consultati i seguenti media :
Cd "Viaggio nella Riviera Ligure delle Palme", Alassio: APT delle Palme

Sono stati infine consultati i seguenti siti e portali :
"Alpinia" www.alpinianet.it, "I Liguri e le montagne" di Annibale Salsa
"Appennini e Monti di Liguria", www.liguri.net/portappennini/index.htm portale rivista "Le Pietre

E IL MARE" DI LIGURI.NET DELL'URPL (UN. REG. PROV. LIGURI) CURATO DA ENRICO PELOS

"FOLCLORE", WWW.FOLCLORE.IT, AA. VV. 17 2 2006

"FORTEZZE SAVONESI", WWW.FORTEZZESAVONESI.COM DI CLAUDIO ARENA

"FRENCH RIVIERA", WWW.BEYOND.FR, AA. VV.16 2 2005

"MANGIARE IN LIGURIA, WWW.MANGIAREINLIGURIA.IT", AA. VV. 17 02 2006

"PASSEGGIATE A LEVANTE" WWW.PASSEGGIATEALEVANTE.IT DI ENRICO PELOS

"REGIONE LIGURIA", WWW.REGIONE.LIGURIA.IT, AA. VV. 16 2 2005

"RIVIERA LIGURE", RIVIERALIGURE.IT, AA. VV. 17 02 2006

"ROCKSTORE FINALE AND OLTREFINALE OUTDOOR MAGAZINE, WWW.ROCKSTORE.IT", AA. VV. 18 2 2006

"VIAIULIAAUGUSTA" VIAIULIAAUGUSTA.COM AA. VV. 18 2 2008

"WIKIPEDIA", AA VV, WWW.WIKIPEDIA.ORG, AA. VV. 06 01 2006

"WORLD 66", HTTP://WWW.WORLD66.COM/EUROPE/ITALY/LIGURIA/ALBENGA/GALLINARA ISLAND, BY ENRICO PELOS ALBENGA EDITOR, LIGURIA (GENERAL) EDITOR, OSINGA.COM, 16 2 2005

ROMA - Le rovine dei Fori Imperiali

ROMA - La lupa che allattò, secondo la leggenda, Romolo e Remo i fondatori della città e dell'Impero Romano

SOMMARIO PER PAGINE

Itinerari	3
Premessa	4
Ringraziamenti	7
Il viaggio L'itinerario	10
Introduzione	11
Prima della Via Iulia:	16
Genua-Vada Sabatia	16
Itinerario	19
Vada Sabatia - Finalese	19
Itinerario Finalese (Pollupices)	21
Area Toirano Ceriale	39
Itinerario Albenga Alassio	42
Itinerario Albenga Alassio dal Monte Bignone	60
Itinerario Laigueglia Andora	63
Itinerario Sanremo	66
XX Miglia	67
Itinerario dai Balzi Rossi a Villa Hanbury	72
Dopo la Via Iulia Augusta:	78
Confine italiano - Arles	78
Itinerario Gastronomico lungo la Via Iulia	86
I Vini della Via Iulia	89
Via Iulia	91
Bibliografia	92

ROMA - Il Colosseo *(2010)*

Indice Carte

LIGURIA Cartina del percorso della Via Iulia Augusta in Liguria la cui lunghezza era di 121 km circa. - Pag.8

LIGURIA - Cartina del percorso prima della Via Iulia: da Genova a Vada Sabatia, l'odierna Vado Ligure - Pag.16

LIGURIA - Cartina del percorso della Via Iulia da Vada Sabatia al Finalese - Pag.19

LIGURIA - Cartina del percorso della Via Iulia nell'area del Finalese - Pag.21

ALBENGA-ALASSIO Il percorso della Via Iulia rilevato con navigatore gps. La successiva elaborazione cartografica, in rilievo 3D dell'area, illustra bene il percorso della passeggiata con le relative altezze. A lato l'isola Gallinara. - Pag.43

ALBENGA-ALASSIO Itinerario della VJA lungo il crinale al Monte Bignone ed al Monte Tirasso. Percorso e indicazioni ricavate da informazioni gentilmente fornite dall'amico Dino "della Via Iulia". - Pag.60

Anello ALBENGA-ALASSIO Questa variante, insieme all'itinerario, precedente permette di fare un anello che può partire sia da Albenga che da Alassio. - Pag.60

LAIGUEGLIA - Il percorso della Via Iulia in una visione dall'alto elaborata parzialmente da dati gps sul tracciato della via romana percorribile e in parte da dati da informazioni storiche. - Pag.63

Cartina del percorso prima della Via Iulia: da XXmiglia ai Balzi Rossi - Pag.72

OSTIA - Antiche rovine romane *(2010)*

INDICE FOTOGRAFIE

ALBENGA - Il Pilone, quel che resta del monumento funerario del II secolo d.C. a ricordo e celebrazione della Pax Romana della Battaglia del 516 a.c. sotto Augusto, Pax Liguribus facta est. *(1995)* 10

La Via Iulia nel tratto tra Albenga e Alassio. 15

FINALE - L'imponente Rocca di Corno paradiso di roccia per i free-climbers 22

FINALE Ligure - Il castel Gavone alla rocca di Perti 23

VAL PONCI - La Rocca di Corno in tutta la sua lunghezza 24

VAL PONCI - Il cartello indicatore 26

VAL PONCI - Il primo ponte: il Ponte della Fate 26

FINALE - La piccola, ma unica in Liguria, chiesa dei 5 campanili 28

FINALE - Uno dei pannelli illustrativi posto all'inizio di una delle falesie di arrampicata. 32

FINALE - Free climber all'opera su una delle falesie di arrampicata. 34

FINALE - Un antico mulino si incontra lungo la strada che porta ai ponti della Via Iulia. 36

Area BOISSANO TOIRANO CERIALE - Il percorso ipotizzato del tracciato della Via Iulia Augusta in base ai dati storici. 39

CERIALE - L'antica chiesa vecchia di Peagna dedicata a San Giovanni Battista 41

S. GIORGIO di CAMPOCHIESA - Gli affreschi del ciclo dantesco. 41

ALBENGA - I primi resti che si incontrano lungo il primo tratto dell'itinerario. 43

ALASSIO - Panorama sul mare della Gallinara 44

ALBENGA - L'inizio dell'itinerario (feb. 2007) 44

I resti romani trovati nell'alveo del fiume Centa nell'area di San Clemente, nei pressi del centro di Albenga (settembre 2006). 45

L'area è venuta alla luce nel 2001 nel corso dei lavori di allargamento del letto del fiume Centa. I ruderi della chiesa sono di origine medievale ma ci sono tracce di un'antica costruzione risalente all'epoca cristiana. 45

ALBENGA - Lungo la psseggiata (feb. 2007) 47

ALBENGA - Resti della chiesa cimiteriale di San Vittore 48

ALASSIO - Resti di uno dei monumenti funerari. Rimasto abbastanza intatto attraverso i secoli, venne quasi completamente distrutto durante un bombardamento

dell'ultima guerra mondiale. 50
ALASSIO - L'antichissima chiesetta di S. Anna (maggio 2000) oggi proprietà privata ma, fino al XV secolo, chiesa parrocchiale della cittadina. E' considerata momumento nazionale 51
ALASSIO - La chiesetta di Santa Croce. Qui finisce l'itinerario (maggio 2005) 51
ALBENGA - La collina dove passa l'itinerario dell'antico percorso romano con sullo sfondo l'isola Gallinara. 57
ALBENGA - La collina dove passa l'itinerario dell'antico percorso romano ai piedi delle villette, e vicino all'imponente Casa-Fortezza della Colombera.58
ALBENGA - Un tratto con l'antico selciato formato da doppi strati, con pietre stondate per il deflusso dell'acqua e i bordi di contenimento che potevano servire come sedili per la sosta. 59
ALASSIO LAIGUEGLIA - Panoramica sui monti dove passa la via Iulia Augusta 62
LAIGUEGLIA - La collina dove passa l'itinerario dell'antico percorso romano 64
ANDORA - La chiesa medievale del Paraxo. 64
COLLA MICHERI - Nei pressi della Via Iulia 65
SANREMO - Chiesa di san Siro nei pressi della Via Iulia 66
VENTIMIGLIA - I resti dell'antico anfiteatro romano lungo il percorso della Via Iulia Augusta. Fu costruito in età medio-imperiale. 67
VENTIMIGLIA - Panoramica della città e della costa francese, dove prosegue la Via Iulia, dall'Alta Via dei Monti Liguri 68
VENTIMIGLIA - La targa ricordo che indica il passaggio sulla Via Iulia Augusta, oggi Via Aurelia, di molti personaggi famosi tra i quali: Papa Innocenzo IV nel 1251, Caterina da Siena nel 1376, Nicolò Macchiavelli nel 1511, Napoleone Bonaparte nel 1796. 69
VENTIMIGLIA - I resti dell'antico anfiteatro romano "inserito" nel contesto urbano moderno. 70
VENTIMIGLIA alta - Chiesa di San Michele, costruita nell'XI secolo anche con materiali di recupero più antichi. Essa contiene al suo interno tre pietre miliari originali della Via Iulia. I cippi miliari erano colonnine di pietra posizionate ai bordi delle strade, per indicare le miglia trascorse dall'inizio della strada e dalle città più vicine (da qui il nome miliario; un miglio misura 1480 metri). I tre cippi conservati nella chiesa sono testimonianze importanti

del passaggio della via Iulia Augusta in questa zona: due sono stati usati all'ingresso come acquasantiere, come quello nella foto, il terzo è utilizzato come colonna per reggere la volta della cripta. 71

BALZI ROSSI - La Via Iulia è arrivata al confine con la Gallia. Oltre il gruppo di case, poche decine di metri più in la, si trova il confine. Poco prima, è situato l'ingresso della parte moderna del museo. 73

BALZI ROSSI - Una parte dell'impressionante falesia che contiene le caverne e la parte del museo antico. 74

ROMA - Statua dedicata a Cesare *(5/2010)* 76

ARLES - Una visione notturna della Arène di Arles, l'anfiteatro costruito dai Romani alla fine del I secolo d.C. *((10 Luglio 1990)* 78

PROVENZA - Nei pressi della Via Iulia si possono ammirare gli splendidi campi di lavanda della Provenza. 79

BALZI ROSSI - La VIA proseguiva sull'odierno percorso della ferrovia e sotto le grotte con i segni lasciati dall'antico "uomo di CroMagnon" e dai primi abitanti di queste caverne che erano un tempo proprio a ridosso del mare. *(16 Luglio 2014)* 80

LA TURBIE - Il "TROFEO di AUGUSTO eretto tra il 7 e il 6 a.C. a La Turbie a perenne ricordo della vittoria militare romana (conclusa nel 14 a. C. nelle Alpi Marittime) su tutte le genti alpine che combattute e vinte dall'Adriatico al Tirreno. E' situato a 480m s.l.m. *(16 Luglio 2014)* 81

PROVENZA - Uno degli esempi degli antichi Archi di Trionfo nei pressi delle terre dipinte da Vincent Van Gogh. *((14 Luglio 1996)* 82

PROVENZA - Un'altra veduta degli antichi Archi di Trionfo nei pressi delle terre dipinte da Vincent Van Gogh. *((14 Luglio 1996)* 83

PROVENZA - Il paesaggio arso dal sole con gli olivi dipinti dal famoso pittore olandese Van Gogh. *((14 Luglio 1996)* 84

PROVENZA - Il paesaggio aspro che accolse i romani nella loo avanzata verso le Gallie. *((14 Agosto 2006)* 85

Colazione tipica ligure a base di focaccia 86

ALBENGA - Una veduta sui vigneti del Pigato dell'Albenganese. 89

ALBENGA - Le antiche rovine romane di San Clemente trovate lungo le sponde del Centa. 91

ROMA - Le rovine dei Fori Imperiali 93

ROMA - La lupa che allattò, secondo la leggenda, Romolo e Remo i fondatori della città e dell'Impero Romano 93

ROMA - Il Colosseo *(2010)* 94

OSTIA - Antiche rovine romane *(2010)* 95